JULIANO SCHIMIGUEL
(ORGANIZADOR)

PENSAMENTO COMPUTACIONAL

EDITORA
CIÊNCIA MODERNA

Pensamento Computacional

Editor: Paulo André P. Marques
Produção Editorial: Dilene Sandes Pessanha
Capa: Daniel Jara
Diagramação: Daniel Jara
Copidesque: Equipe Ciência Moderna

FICHA CATALOGRÁFICA

SCHIMIGUEL, Juliano. (Org.)

Pensamento Computacional

Rio de Janeiro: Editora Ciência Moderna Ltda., 2022.

1. Ciência da Computação
I — Título

ISBN: 978-65-5842-146-7 CDD 001.642

Editora Ciência Moderna Ltda.
R. Alice Figueiredo, 46 – Riachuelo
Rio de Janeiro, RJ – Brasil CEP: 20.950-150
Tel: (21) 2201-6662/ Fax: (21) 2201-6896
E-MAIL: LCM@LCM.COM.BR
WWW.LCM.COM.BR **03/22**

Agradecimentos

Agradeço aos meus filhos, Júlia e Vinícius, pela paciência, companheirismo e afeto de sempre. Aos meus pais, Marco e Adélia, por todo o investimento, experiência, base familiar, educação que me deram, e o amor incondicional. À minha esposa, Daniela, pela parceria, serenidade e carinho de sempre. Aos meus irmãos, Rafael e Gisele; e sobrinhos Enzo, Eliezer, João Pedro e Mirele. Retribuo também à Universidade Cruzeiro do Sul (Programa de Doutorado / Mestrado em Ensino de Ciências e Matemática), e ao Centro Universitário Anchieta, pela oportunidade de trabalharmos em conjunto.

Sumário

Capítulo 1

Conceitos Iniciais em Pensamento Computacional

Júlio Cézar Romero

Mestrado em Ensino de Ciências e Matemática, Universidade Cruzeiro do Sul

Professor no IFSP, Campus Caraguatatuba/SP

juliocezarromero@ifsp.edu.br

Juliano Schimiguel

Programa de Doutorado / Mestrado em Ensino de Ciências e Matemática

Universidade Cruzeiro do Sul

juliano@cruzeirodosul.edu.br

Castells (2002) afirma que o século XX foi um período de extremas transformações, principalmente pelas mudanças tecnológicas que modificaram a vida de todos, sendo cenário de instabilidades entre as duas Grandes Guerras e a Guerra Fria que fomentaram o avanço em muitos campos, como a descoberta da Física Nuclear, do átomo, dos transistores e de muitas tecnologias que revolucionaram a vida humana. Assim, não há como se estudar a história da computação sem antes relacioná-la com a evolução da matemática desde o princípio. Dentre as inúmeras transformações do século XX, o surgimento da computação e a maneira como ela permeou os diversos setores da sociedade merecem destaque. As ressonâncias da tecnologia e do aparecimento do computador pessoal também implicaram transformações no espaço escolar. Valente (1999) afirmou que o computador passou a ser pensado como ferramenta de aprendizagem, estando presente também nas escolas e sua utilização é tão antiga quanto o advento comercial dos mesmos.

Desde o início da computação, Pasqual Júnior (2018) afirma que existia a intenção de usá-los na educação, porém, a abordagem de antigamente se difere da maneira como a informática na educação se desenvolveu e chegou à atualidade. Por volta dos anos 1950, o uso do computador remetia à armazenagem de informação e na execução de processos apenas, somente em 1967, Seymour Papert, pioneiro em pensar uma educação mediada pelo uso do computador, idealizou o uso do computador na educação por meio da criação da Linguagem LOGO. Porém, a tecnologia que Papert precisava ainda não estava disponível para todos e, principalmente, para as escolas – o que é perceptível até os dias de hoje. Seria necessária a invenção do computador pessoal para a popularização da informática na educação, o que só ocorreu a partir da década de 1990. O aparecimento dos microcomputadores, principalmente os da empresa Apple, permitiu uma grande disseminação dos computadores nas escolas, principalmente nos Estados Unidos da América, o que proporcionou um grande incentivo e uma enorme produção e diversificação de ferramentas, como tutoriais, programas de demonstração, exercício-e-prática, avaliação do aprendizado, jogos educacionais e simulação. As ideias de SeymourPapert, na década de 1980, passaram a ser literalmente aplicadas, se colocando em evidência. Um marco na informática na educação foi, sem dúvida, a publicação da obra *Mindstorms: Children, ComputersandPowerfulIdeas* (PAPERT, 1980), em que Papert trouxe a metodologia LOGO como uma nova forma de conceber a aprendizagem.

Pasqual Júnior (2018) afirma que introduzir a computação como disciplina no ensino fundamental, seria a maneira mais simples de programar o currículo educacional sem demandar a necessidade de se repensar a educação. Desta forma, o uso da informática na educação, não como um elemento do currículo, mas como um recurso que possibilitasse o aprendizado de outras ciências de maneira natural, como é o caso da matemática. É nesse sentido que a informática na educação, no Brasil, passa a ser introduzida, como uma alternativa para contribuir com o aprendizado de outras disciplinas, ou seja, funciona como ferramenta que auxilia o professor no desenvolvimento de sua prática.

Portanto, o computador começou a ser inserido ao final da década de 1980, em algumas escolas públicas e privadas brasileiras e Valente (1999), um dos pioneiros na inserção desta tecnologia na educação brasileira, salienta que o surgimento da informática na educação no Brasil remonta à década de 1970, quando educadores brasileiros, motivados pelo que ocorria nos Estados Unidos e na França, introduziram a informática na educação brasileira.

Desta forma, Valente (1999) afirma que o aluno, ao aprender uma linguagem de programação, desenvolveria naturalmente os conceitos matemáticos. De acordo com Valente (1999), a evolução dos computadores permitiu que nos anos 1990, o computador estivesse totalmente difundido nas escolas americanas. E após, com o surgimento da internet, possibilitou uma maior possibilidade no campo da aprendizagem. Entretanto, a introdução do ensino de códigos de programação como alternativa interdisciplinar e de desenvolvimento de habilidades do currículo ficou, de certa forma, esquecida.

O movimento iniciado por JeannetteWing (2006) provoca a disseminação do "Pensamento Computacional" como uma necessidade de todos e uma competência a ser desenvolvida pelo cidadão do século XXI, desde o ensino básico.

Em sua pesquisa, Pasqual Júnior (2018) analisou e constatou que publicações no campo da formação de professores obtiveram pouco crescimento nos últimos anos, comprovando uma carência de pesquisas nessa área, destaca que embora muito se tenha falado sobre PC nos últimos dez anos, ainda há poucos estudos que destaquem as discussões entre PC e formação inicial e continuada de professores. Inicialmente, foi realizada uma pesquisa no banco de teses e dissertações da Capes, tendo como diretriz de busca o termo "Pensamento Computacional". Contudo, os resultados da pesquisa não foram significativos, uma vez que o algoritmo de busca retornou milhares de produções que não se relacionavam ao termo. Desse modo, Pasqual Júnior (2018) realizou uma busca no Google Acadêmico, seguindo as mesmas métricas anteriores, porém adicionando-se os termos "Tese" ou "Dissertação", sendo encontrados 196 resultados, analisados individualmente e, deste montante, foram extraídos 14 trabalhos, número relativamente baixo e a pesquisa do motor de busca não permite a restrição pelo tipo de produção, acarretando em uma série de resultados que não se enquadravam nas categorias "Tese" ou "Dissertação".

Para Wing (2008), o PC é definido como um processo de resolução de problemas por meio de uma série de características (lógica, sistematização e análise de dados e criação de soluções) que utilizam vários passos ordenados bem como arranjos concernentes à aptidão de lidar com segurança, com a complexidade e problemas em aberto.

O Pensamento Computacional, na visão de Wing (2006), é o processo de reconhecer aspectos da computação no mundo que nos rodeia e aplicar ferramentas e técnicas para entender e raciocinar sobre sistemas e processos naturais, sociais e artificiais. Na escola, o PC permite que os alunos resolvam problemas, os dividam em partes e criem algoritmos para solucioná-los.

O termo Pensamento Computacional é definido por Wing (2011, p. 20) como sendo: "[...] processos de pensamento envolvidos na formulação de problemas e suas soluções, sendo que as soluções devem ser representadas de forma que possa ser realizada por agentes de processamento de informações". Para a autora, "[...] a solução pode ser executada por um humano ou máquina, ou ainda por combinações de seres humanos e máquinas" (WING, 2011, p. 20).

A mensagem de Wing (2006; 2011) é clara, portanto: o PC se concentra nos indivíduos executando processos de raciocínio lógico, não necessariamente na produção de artefatos ou evidências. Em outras palavras, o PC é o desenvolvimento de competências que apoia tanto o raciocínio, quanto o aprendizado e a compreensão do mundo.

Na percepção de Selby e Woollard (2013), trata-se o PC de um processo cognitivo ou de pensamento que envolve o raciocínio lógico pelo qual os problemas são resolvidos e os artefatos, procedimentos e sistemas são mais bem compreendidos, tendo como abrangência a capacidadede de pensar em: algoritmos; termos de decomposição; generalizações, identificando e fazer uso de padrões; abstrações, escolhendo as representações mais adequadas, de acordo com cada contexto; e termos de avaliação.

Okada et al (2012) identificam, ainda, a possibilidade de se aplicar o PC pode ser aplicado a uma ampla gama de artefatos, incluindo: sistemas, processos, objetos, algoritmos, problemas, soluções, abstrações e coleções de dados ou informações. Ou seja, artefato refere-se a qualquer um deles.

Diante disso, nos últimos anos, as concepções a respeito do PC passaram por profundas modificações que permitiram aproximar essa proposta ao dia a dia do aluno, ou seja, ao seu mundo real, tornando-a cada vez mais presente e concreta. Em uma perspectiva mais ampla, podemos perceber que a preocupação com o PC não se restringe à escola e ao currículo formal das disciplinas.

A importância do PC, na sociedade atual, produz um importante movimento pedagógico denominado: ciência, tecnologia e sociedade (BURKE, 2015). Tendência essa que leva em conta o impacto atual do PC, envolvendo uma visão interdisciplinar que desconsidera a compartimentalização do conhecimento entre áreas distintas.

É possível, ainda, compreender o PC como estratégia de autoria digital, na medida em que, de acordo com André (2018), ele deve servir à formação de pessoas para que possam participar e usufruir das oportunidades, das responsabilidades e dos desafios inerentes a uma sociedade na qual a influência da computação se faz cada vez mais presente. Okada et al (2012) se refere à autoria digital como coaprendizagem, processo bastante importante para a construção da cidadania, pois na coaprendizagem, ocorre um pensamento colaborativo em que o conhecimento se cria por meio da interação. Para Okada et al (2012) existem vários níveis de autoria digital, que vão desde um nível alto, conforme é possível observar nas imagens abaixo, desenvolvidas por André (2018):

NÍVEL DE AUTORIA	PALAVRA-CHAVE	AÇÃO
ALTO 	Re-autoria	Transformar o conteúdo adicionando sua própria interpretação, reflexão, prática ou conhecimento.
	Contextualização	Alterar o conteúdo ou acrescentar novas informações, a fim de atribuir significado, sentido através de exemplos e cenários.

Imagem 1 – Nível Alto de Autoria. Fonte: ANDRÉ (2018)

NÍVEL DE AUTORIA	PALAVRA-CHAVE	AÇÃO
MÉDIO 	Síntese	Reduzir o conteúdo, selecionando as ideias essenciais.
	Reaproveitamento	Reutilizar para uma finalidade diferente ou alterar para tornar mais adequado para diferentes objetivos de aprendizagem ou de resultados.
	Versão	Implementar mudanças específicas para atualizar o recurso ou adaptá-lo para um contexto diferente.
	Redesenho	Converter um conteúdo num outro formato, ou seja, apresentar o conteúdo pré-existente num modo de apresentação diferente.

Imagem 2 – Nível Médio de Autoria. Fonte: ANDRÉ (2018)

NÍVEL DE AUTORIA	PALAVRA-CHAVE	AÇÃO
BAIXO 	Tradução	Transpor o conteúdo de um idioma para outro.
	Personalização	Agregar tecnologias para contribuir com o progresso individual e personalizado.
	Reordenação	Alterar a ordem ou sequência.
	Decomposição	Separar o conteúdo em diferentes seções, quebrar o conteúdo em partes.
	Remixagem	Conectar o conteúdo com novas mídias, interfaces interativas ou componentes diferentes.
	Montagem	Integrar o conteúdo com outros materiais a fim de desenvolver um módulo ou uma nova unidade, como por exemplo, um curso.

Imagem 3 – Nível Baixo de Autoria. Fonte: ANDRÉ (2018)

É preciso, portanto, que os cidadãos sejam capazes de criar artefatos a partir de análises bem fundamentadas, participar das decisões que afetem suas vidas, organizando um conjunto de valores mediado na consciência da importância de seu próprio aperfeiçoamento e no aprimoramento das relações sociais. A formação de cidadãos com esse perfil pressupõe o desenvolvimento de algumas competências, entre as quais se destacam as seguintes:

- Expressar-se e comunicar-se utilizando diferentes linguagens para expor seus julgamentos de valor;
- Construir representações sobre fenômenos do cotidiano;
- Utilizar os conhecimentos escolares para se posicionar e participar das transformações socioculturais;
- Estabelecer relações e conexões que sustentem decisões baseadas em princípios e conceitos; e
- Analisar e se posicionar em relação a fatos científicos e tecnológicos.

Para Wing (2006), o PC desenvolve a capacidade analítica e investigativa para chegar a uma decisão a respeito de situações que envolvam a natureza, a sociedade, a ciência e a tecnologia; a capacidade de comunicação para ouvir, interpretar e expressar diferentes pontos de vista; e a imaginação para colocar-se no lugar do outro, compreendendo concepções, argumentos e pontos de vista diferentes dos seus com sensibilidade e sem preconceitos.

Na visão de Okada et al. (2012), as competências citadas nos parágrafos anteriores são especialmente significativas para os indivíduos e ratificam a importância do PC na construção da cidadania por meio da autoria digital.

Para um nível alto de autoria, tem-se a re-autoria, que consiste em transformar o conteúdo adicionando sua própria interpretação, reflexão, prática ou conhecimento; e a contextualização, consubstanciada na alteração do conteúdo ou acréscimo de novas informações, com o objetivo de atribuir sentido e significado a partir de cenários e exemplos (OKADA et al, 2012).

Já para um nível médio de autoria, tem-se a síntese, o reaproveitamento, a versão e o redesenho. A síntese está relacionada à redução do conteúdo, com a seleção das ideias julgadas essenciais; o reaproveitamento, à reutilização para uma finalidade diferente ou alteração para tornar mais adequado para diferentes objetivos de resultados ou de aprendizagem; versão, de implementação de mudanças específicas para atualização do recurso ou sua adaptação para um contexto diferente; e redesenho, que é a conversão de um conteúdo em outro formato, ou seja, apresentação do conteúdo preexistente num modo de apresentação diferente (OKADA et al, 2012).

O nível baixo de autoria abrange a tradução, a personalização, a reordenação, a decomposição, a remixagem e a montagem. Na tradução, a ação está pautada em transpor o conteúdo de um para outro idioma; na personalização, em agregar tecnologias para contribuir com o progresso individual e personalizado; na reordenação, em alterar a sequência ou a ordem; na decomposição, em separar o conteúdo em diferentes seções, quebrando-o em partes; na remixagem, em conectar o conteúdo com novas mídias, interfaces interativas ou componentes diferenciados;

e na montagem, em integrar o conteúdo com outros materiais, com o objetivo de desenvolver um módulo ou uma nova unidade – um curso, por exemplo (OKADA et al, 2012).

Além dos aspectos aqui já mencionados, é possível, ainda, contemplar o PC como estratégia de construção da cidadania. De acordo com André (2018),atividades que envolvem o PC como estratégia de aprendizagem, além de promover a construção da cidadania, os indivíduos também aprendem a ter: confiança em desenvolver atividades intelectuais que envolvam raciocínio computacional e em solucionar problemas; respeitar a opinião do colega, valorizar o trabalho em equipe, a troca de pontos de vista; eles se sentem seguros em argumentar e flexibilizar para modificar os argumentos; se sentem interessados em desenvolver estratégias variadas e alternativas de resolver problemas; dispostos a seguir as orientações dadas, desde as mais simples até as mais complexas; tomam cuidado com os equipamentos em geral, e em especial com os de uso coletivo; apresentam disponibilidade para trabalho colaborativo, percebendo a necessidade de parceria no uso dos recursos e dos materiais coletivos; reconhecem e valorizam os recursos tecnológicos como fontes de informação importantes para a aprendizagem. André (2018) ainda enfatiza que a aprendizagem dessas atitudes destaca que as relações entre os atores do processo educacional – professores e alunos – favorecem a autoria digital e a construção da cidadania, pois favorece principalmente a interação entre os pares.

Moretti (2019) afirma que as transformações nos saberes produzidos por meio do PC vão exigir mudanças pedagógicas uma vez que as novas perspectivas de cidadania e possibilidades advindas desses novos conhecimentos, já que à medida que as tecnologias intervêm e se unem às atividades dos seres humanos na produção de conhecimento, elas não só estabelecem novas maneiras.

Valente (2016) desta forma corrobora com Wing (2008), uma vez que a autora também afirma que tais conhecimentos são considerados essenciais para a formação dos sujeitos, visando às exigências do século XXI, já que o enfoque dado aos conceitos da Ciência da Computação tem sido defendido "com base no argumento que atividades realizadas no âmbito dessa ciência que desenvolvem habilidades do pensamento crítico e computacional, e permitem entender como criar com as tecnologias digitais, e não simplesmente utilizá-las como máquinas de escritório" (VALENTE, 2016, p. 867).

Uma das competências trazidas pela BNCC (BRASIL, 2017) presume o uso crítico, significativo e ético das ferramentas digitais por seus usuários ditos nativos digitais. Zilio e Nóbile (2019) enfatizam que os indivíduos Nativos Digitais são aqueles que cresceram imersos na cultura digital e que, por isso, teriam desenvolvido habilidades mentais e cognitivas diferentes e conseguem processar diversas informações ao mesmo tempo e de forma intuitiva as ferramentas tecnológicas, sem a necessidade de manuais ou explicações detalhadas.

Armando (2016) enfatiza que pesquisas relativas ao PC podem ser divididas em três grandes blocos, uma classificação puramente didática, já que estes três blocos se relacionam entre si: a natureza do PC e como ele pode ser avaliado; a formação de professores para desenvolverem atividades a partir dos conceitos do PC, especialmente integrados às atividades escolares; e por último, a implantação na escola de atividades que exploram os benefícios do PC.

Pasqual Júnior e Oliveira (2019) destacam que os conceitos de PC ainda são pouco conhecidos dentre os profissionais e acadêmicos da computação no Brasil, principalmente entre os professores, sendo que diversos egressos dos cursos de Licenciatura em Computação não possuem clareza conceitual acerca do PC.

Diversos países têm introduzido diversas iniciativas para agregar a Ciência da Computação e o PC na sala de aula de acordo com os estudos de Pasqual Júnior e Oliveira (2019). Entretanto, tais iniciativas não proporcionam mudanças efetivas na prática escolar ou no processo ensino-aprendizagem e atualmente as reformulações ou modificações das disciplinas de Ciência da Computação nas Universidades não apresentam novidades, uma vez que é geralmente adicionada uma nova disciplina ou essas competências são trabalhadas em cursos complementares. A partir desta situação, Pasqual Júnior e Oliveira (2019) revelam que cada vez mais a Ciência da Computação e o PC têm aparecido como pontos principais no processo de ensino e aprendizagem para o cidadão do século XXI, porém, existe a grande importância de se discutir questões relativas à formação de professores e o rompimento das culturas pertinentes à transmissão de saberes no ambiente escolar.

1.1 O Pensamento Computacional e seus Quatro Pilares

1.1.1 Decomposição

A decomposição é um processo pelo qual os problemas são decompostos em partes menores (LIUKAS, 2015). Trata-se de dividir algo complexo em pedaços menores, que são mais manejáveis e fáceis de entender. Essas partes menores podem, então, ser examinadas e resolvidas, uma vez que são mais fáceis de trabalhar.

Quando um problema não é decomposto, sua resolução se torna difícil no momento de lidar com várias fases diferentes ao mesmo tempo, torna-se bastante dificultosa sua gestão. Uma forma de simplificar a solução é segmentar em partes reduzidas e resolvendo-as, individualmente. Esta prática também eleva o foco aos detalhes.Por exemplo, para corrigir um mau funcionamento de um carro, sua manutenção se torna mais fácil quando o mesmo é separado em pequenas peças.

Liukas (2015) declara que desenvolvedores utilizam frequentemente este método para dividir um algoritmo em trechos menores para simplificar sua compreensão e manutenção. Em um código-fonte, pode-se exemplificar a decomposição através de funções, procedimentos, objetos, módulos, entre outros. Esta técnica permite resolver problemas complexos de forma mais simples, favorece a compreensão de novas situações e proporciona lançar sistemas de grande porte.

De um modo geral, pois, a decomposição consiste em quebrar tarefas em partes gerenciáveis, menores. Na matemática, esse conceito está intrinsecamente relacionado à execução dos cálculos. A decomposição de problemas é o processo de identificar e utilizar fórmulas, funções e procedimentos matemáticos necessários para solucionar o problema. A resolução de operações e expressões respeitando a sua ordem de precedência é um exemplo do uso da decomposição de problemas. Para Liukas (2015), esse conceito favorece a compreensão, interpretação, manipulação e utilização de expressões simbólicas dentro do contexto matemático.

1.1.2 Reconhecimento de padrões

O reconhecimento de padrões consiste em encontrar os paradigmas que existem no problema, isto é, características que alguns dos problemas dividem e que podem ser abordados para se alcançar a solução eficaz (MARQUES, 2016).

A descrição de Reconhecimento de Padrões, segundo Liukas (2015), consiste em encontrar similaridades e padrões com o intuito de resolver problemas complexos de forma mais eficiente. Para isso, procura-se por elementos que sejam iguais ou muito similares em cada problema. Na literatura, o reconhecimento de Padrões também pode estar associado ao termo "Generalização".

Esta também é uma forma de resolução de problemas rapidamente, fazendo uso de soluções previamente definidas em outros problemas e com base em experiências passadas. Os questionamentos que devem ser feitos são: "Esse problema é parecido a outro problema que já tenha solucionado" ou "Como ele é diferente?". Estas perguntas são relevantes, visto que, pode se definir as estratégias como base nos padrões com outros problemas anteriores que já se foi solucionado. As soluções usadas em problemas anteriores podem ser adaptadas para solucionar uma variedade de problemas similares.

Através do reconhecimento de padrões, é possível auxiliar a resolução de problemas e reproduzir esta resposta em cada um dos subproblemas, caso haja afinidade, quanto mais padrões, se consegue descobrir, mais eficiente e rápida a solução é encontrada (MARQUES, 2016).

1.1.3 Abstração

Meira (2017), em sua dissertação de mestrado, afirma que o conceito de abstração diz respeito à identificação de pontos-chave, conforme a necessidade e relevância, criando uma relação de dependência de acordo com a forma de abordagem do problema. Na abstração, podem ser trabalhados diversos níveis, tornando possível a identificação de várias categorias de itens e pontos importantes.

Wing (2006) enfatiza que a Abstração é o conceito mais importante do Raciocínio Computacional, uma vez que o processo de abstrair é utilizado em diferentes momentos, como: na escrita do algoritmo e suas iterações; na seleção dos dados valorosos; na escrita de uma simples pergunta; na alteridade de um indivíduo em relação a um robô; no processo de compreensão e organização de módulos em um sistema. Portanto, a abstração proporciona um poder para escalonamento e tratamento com a complexidade e essa abstração ocorre de se selecionar o que não importa para ser ignorado, formando uma representação do que se procura resolver ou passar informação. Portanto, resumidamente, a abstração consiste em reduzir a complexidade para definir a ideia principal.

1.1.4 Algoritmos

Apontado como o elemento que é agregador de todos os outros por Wing (2006), o algoritmo é um conjunto de instruções claras e bem definidas, fundamentais para a solução de um problema. Em um algoritmo, as instruções são descritas e ordenadas para que o seu objetivo seja alcançado.

O algoritmo é um conjunto de regras para a resolução de um problema, como receita de um bolo, a troca de uma lâmpada; porém, ao contrário de uma simples receita de bolo, pode-se utilizar diversos fatores mais complexos. Existem algoritmos muito pequenos, que podem ser comparados a pequenos poemas. Outros algoritmos são maiores e precisam ser escritos como se fossem livros, ou maiores ainda, necessitariam inevitavelmente serem escritos em diversos volumes de livros (WING, 2006).

Algoritmos devem ser compreendidos como soluções prontas, pois, já passaram pelo processo de decomposição, abstração e reconhecimento de padrões para sua formulação. Ao serem executados, seguirão os passos predefinidos, ou seja, aplicar-se-á solução quantas vezes forem necessárias, não havendo a necessidade de criar um novo algoritmo para cada uma de suas execuções posteriores.

Trata-se, pois, de definir um conjunto de passos ordenados para resolver um problema ou atingir algum fim.

1.2 Pensamento Computacional e a Escola

O PC na escola favorece a revisão das próprias produções, considerando-as produtos sempre em processo. É nessa perspectiva que se encontra pautada a presente dissertação, sendo esse espaço dedicado a tratar alguns aspectos gerais sobre o PC, de modo a situar a discussão proposta.

Na educação, todos devem ter a oportunidade de construir uma base sólida de conceitos que envolvam o PC, garantindo que o aluno se familiarize com o mundo natural e reconheça sua diversidade e sua unidade.

André (2018) considera que o PC pode ser caracterizado como uma forma de pensamento e construção de conhecimento com profundas implicações no desenvolvimento sociocognitivo das pessoas, em que a ideia de reflexão crítica está sempre presente.

Para Wing (2011), favorecer o PC tem por principal função a formação de pessoas capazes de, não apenas identificar as informações, mas principalmente produzir artefatos a partir da compreensão de conceitos e utilizá-los para enfrentar desafios e refletir sobre seu cotidiano.

Tome-se como exemplo uma das principais características do PC – a diversidade comunicacional –, ou seja, a capacidade de transmitir informações e conceitos relevantes de forma didática, com o recurso mais adequado àquele contexto. Para Ricardo (2013) essa é uma capacidade que se desenvolve ao longo de anos de formação e, cuja importância não se restringe aos profissionais da área de tecnologia da informação. Portanto, o PC deve ser desenvolvido desde muito cedo e ao longo de toda a formação cidadã do indivíduo.

Na visão de André (2018), outro pressuposto importante relacionado ao PC é fazer com que os alunos e professores desenvolvam a competência de fazer pesquisa, isto é, aprender de forma independente e autônoma sobre um tema ou um procedimento que não se conhece, usando sites, bibliotecas e ambientes virtuais, ao mesmo tempo em que discute com outros, os resultados encontrados.

Espera-se com isso que os autores de artefatos digitais consigam organizar o seu cotidiano de forma que a observação seja criticamente constante e que possam recuperar informações obtidas anteriormente. Em outras palavras, é preciso incentivar os alunos e professores a revisitar, constantemente, seus conhecimentos e concepções, sendo capazes de tirar conclusões do seu trabalho, saber argumentar em favor delas, acolher os argumentos contrários, e produzir novos conhecimentos.

Para Kafai (2009), durante o desenvolvimento de projetos que favorecem o PC, estão sempre presentes as perspectivas computacionais, as práticas computacionais, os conceitos computacionais e as competências computacionais.

Em Brennan e Resnick (2012) encontram-se maiores detalhes daquilo que se pode compreender por perspectivas, práticas, conceitos e competências computacionais no PC. De acordo com os autores Brennan e Resnick (2012), as perspectivas computacionais são expressar (perceber que a computação é um meio de criação), conectar (reconhecer a vantagem de criar com e para outros) e questionar (sentir que se pode fazer perguntas sobre o mundo) (BRENNAN; RESNICK, 2012).

Já as práticas computacionais são ação interativa e incremental (desenvolver um pouco, depois verificar se funciona e, em seguida, desenvolver um pouco mais), teste e depuração (certificar-se de que tudo funciona, encontrar e corrigir erros), reutilização e reformulação (fazer algo utilizando o que outros – ou você – já fizeram), abstração e modulação (construir algo grande unindo conjuntos de partes menores), geração de hipóteses (formular um resultado provisório, com intenções de ser posteriormente demonstrada ou verificada, constituindo uma suposição admissível) e prototipagem (elaborar o modelo de um produto de trabalho da fase de testes e/ou planejamento de um projeto) (BRENNAN; RESNICK, 2012).

Os conceitos computacionais elencados por Brennan e Resnick (2012) são sequência (identificar uma série de etapas de uma tarefa), ciclos (executar a mesma sequência várias vezes), execução em paralelo (fazer as ações decorrerem ao mesmo tempo), eventos (fazer um acontecimento causar outro acontecimento), condições (tomar decisões com base em condições), operadores (expressar operações matemáticas e lógicas), dados (armazenar, recuperar e atualizar valores), instruções (dar comandos ao computador) e orientação a objetos (elaborar a análise, projeto e programação de sistemas baseado na composição e interação entre diversas unidades), como é possível se observar no organograma abaixo:

Imagem 4 - Organograma de Conceitos Computacionais propostos por Brennan e Resnick (2012). Fonte: O autor, 2020.

Quanto às competências computacionais, elencam o raciocínio lógico, os algoritmos e as plataformas e/ou linguagem de programação. O raciocínio lógico consiste em deduzir (determinar a conclusão; fazer uso da regra e sua premissa para chegar a uma conclusão) e induzir (determinar a regra, aprendendo a partir de diversos exemplos de como a conclusão segue da premissa). Já os algoritmos abrangem a definição de uma sequência finita de instruções bem definidas e não ambíguas, cada uma das quais pode ser executada mecanicamente num período de tempo finito e com uma quantidade de esforço finita. Já as plataformas e/ou linguagem de programação têm por objetivo utilizar um método padronizado para comunicar instruções para um computador (BRENNAN; RESNICK, 2012).

Tomando como referência as perspectivas, práticas, conceitos e competências computacionais citadas, pode-se compreender que pelas ações e operações, as habilidades aperfeiçoam-se e articulam-se, possibilitando nova organização das competências que envolvem o PC.

Pode-se então deduzir que o desenvolvimento de perspectivas, práticas, conceitos e competências computacionais não ocorrem em uma única situação de aprendizagem, mas requer um conjunto articulado que envolve situações planejadas, a atuação consciente do professor, a seleção criteriosa dos conteúdos, a diversificação de metodologias disciplinares e a participação ativa dos alunos. Dessa forma, um currículo que promove o PC tem o compromisso de articular as disciplinas e as atividades escolares com aquilo que se espera que os alunos aprendam ao longo de toda a sua formação.

Como resultado, André (2018) considera que esse processo conduza a uma mudança que envolva a vida e a responsabilidade pessoal do sujeito frente à construção de seu conhecimento, aprendendo a:

a. fazer registros de suas observações através de textos, infográficos, protótipos, fluxogramas, tabelas, gráficos e desenhos;
b. guardar os registros de suas observações ordenadamente;
c. avaliar os seus dados periodicamente;
d. observar e identificar com critérios um determinado fenômeno ou situação;
e. debater com os seus colegas sobre as suas dúvidas e a viabilidade de suas conclusões;
f. alterar um procedimento, caso conclua que deva mudá-lo com base na análise de suas observações;
g. escrever sobre suas observações e conclusões;
h. não ter medo de errar e aprender a corrigir seus erros para continuar suas produções.

De todo modo, o que se tem é que a escola tem um papel significativo na formação dos indivíduos, na sua cultura, nas suas relações sociais e, decididamente, em seu processo de interpretação da informação. É uma instituição que reúne condições propícias para desempenhar esse papel. Na escola, os alunos podem ser apresentados a um conjunto organizado e planejado de temas e situações de aprendizagem que pode ser sistematizado gerando oportunidades para que sejam autores do próprio conhecimento.

Santaella (2013) considera que é possível desenvolver o PC de forma dinâmica, orientando o trabalho escolar para o conhecimento sobre fenômenos da natureza, incluindo o ser humano e as tecnologias mais próximas e mais distantes, no espaço e no tempo. Ou seja, o PC pode ser contemplado em diversos eixos temáticos, como por exemplo: vida e ambiente, ser humano e saúde, tecnologia e sociedade, ética e trabalho, entre outros.

McGonigal (2012) destaca que estabelecer relações entre esses (e outros) eixos – considerando o que já é de conhecimento do aluno e novas concepções, entre o comum e o diferente, entre as proposições particulares e as formulações abrangentes que possibilitam generalizações, definindo contrapontos entre os muitos elementos no universo de conhecimentos – são processos essenciais à estruturação do pensamento e, por consequência, do PC.

Waiselfisz (2007) considera que é importante que o educando se desenvolva e se aproprie de propostas de autoria digital, com autonomia no pensar e no agir, sendo necessário ainda reconhecer o binômio ensino e aprendizagem como uma relação entre sujeitos, em que cada um, a seu modo e com determinado papel, está envolvido na construção de uma compreensão dos fenômenos naturais e suas transformações, na formação de novas atitudes e valores.

Pode-se, dessa forma, entender que o aluno se torna sujeito de sua aprendizagem quando é dele o movimento de dar novos significados ao mundo, o que pode ser entendido como construir explicações norteadas pelo PC. Nas atividades propostas na escola, considera-se sempre que a melhoria da aprendizagem dos alunos passa pelo PC. Devemos então considerar atividades práticas como situações que possibilitem aprendizagem significativa dando condições para que os alunos possam: Formular questões acerca de sua realidade e dos fenômenos que vivenciam; Elaborar hipóteses sobre essa realidade e esses fenômenos e testá-las, orientando-se por procedimentos planejados; Interagir com seus colegas em um ambiente coletivo e propício ao debate de ideias e ao desenvolvimento da capacidade de argumentação através do confronto de suas opiniões. (WAISELFISZ, 2007)

Assim, promover situações de aprendizagem com estas características não requer uma infraestrutura sofisticada na escola, com aparelhos caros, grandes laboratórios e equipamentos de precisão. Essas situações podem ocorrer no próprio ambiente da sala de aula, desde que algumas condições sejam estabelecidas. (WAISELFISZ, 2007)

A riqueza desse tipo de situação de aprendizagem está em propiciar ao aluno a oportunidade para que ele entre, de forma consciente, no jogo de trabalhar com coisas e objetos como se fossem outras coisas e outros objetos. Este tipo de situação permite conectar símbolos com coisas e situações imaginadas, o que raramente é buscado na sala de aula tradicional, expandindo os horizontes da compreensão do fenômeno ou objeto em estudo. (WAISELFISZ, 2007)

Para os alunos aprenderem a trabalhar com autoria digital colaborativa, mais importante do que as tecnologias utilizadas é o planejamento do professor e a clareza dos objetivos propostos, aliados à sua mediação, com boas perguntas e uma condução atenta da situação de aprendizagem. Isso permitirá aos alunos refletirem sobre o que estão fazendo, porque e para que. Dessa forma, a discussão das observações, dos fenômenos e a interpretação dos resultados têm a finalidade de produzir conhecimento, o que se busca no PC e do fazer pedagógico. (WAISELFISZ, 2007)

Portanto, é importante abordar a formação polivalente do professor de Matemática. Albuquerque e Gontijo (2012) a formação, inicial ou continuada, exerce grande influência na percepção, construção e organização de diversos saberes docentes que se manifestarão no ato de ensinar, ou seja, no fazer docente em seu cotidiano. A formação docente não é a única responsável pela construção do saber profissional, mas se apresenta como constituinte indispensável, uma vez que o conhecimento profissional não poderia se sistematizar, consistentemente, na ausência de processos de formação, que promova a construção dos saberes docentes de maneira que estes sejam validados cientificamente aos que estão em processo de construção por parte do professor, articulando o conhecimento adquirido na formação com a sua experiência de vida e profissional.

Deste modo, proporcionar uma formação que ofereça condições para que o professor se aproprie de elementos que farão parte de seu saber docente é necessário já que, além de dominar o conhecimento matemático, o professor consiga transformá-lo em conhecimento matemático escolar. Portanto, as "pesquisas vêm evidenciando a necessidade de que, em programas de formação, os conteúdos matemáticos sejam visitados e revisitados, mas é necessário pensar sob que olhar isso deveria acontecer" (NACARATO; PAIVA, 2008, p. 14). Um dos enfoques presente na discussão acerca da formação.

Muito embora, historicamente, a Matemática tenha sofrido diversas mudanças na metodologia de ensino, é certo que, ainda hoje, ela se apresenta como grande desafio para muitos alunos. Com isso, a desmotivação vai se tornando cada vez mais frequente para a disciplina, bem como aumentados os índices de retenção de alunos em virtude do fraco desempenho na matéria. (WAISELFISZ, 2007)

O fato é que, muito além do que dominar técnicas de memorização, a aprendizagem da Matemática deve corresponder ao contexto no qual o aluno está inserido, considerando-se a sua grande aplicabilidade nas tarefas da vida diária. Desse modo, não seria errôneo afirmar que o ensino da Matemática extrapola a grade curricular e avaliação escolar para adentrar a um nível superior, tão fundamental como a leitura e a escrita na Educação Básica. (WAISELFISZ, 2007)

Nesse sentido são as disposições constantes dos Parâmetros Curriculares Nacionais – PCNs de Matemática (BRASIL, 1998), que assim dispõem:

> As necessidades cotidianas fazem com que os alunos desenvolvam uma inteligência essencialmente prática, que permite reconhecer problemas, buscar e selecionar informações, tomar decisões e, portanto, desenvolver uma ampla capacidade para lidar com a atividade

> matemática. Quando essa capacidade é potencializada pela escola, a aprendizagem apresenta melhor resultado (BRASIL, 1998, p. 29).

Não obstante, Silva (2016) aponta o reconhecimento de tal relação e importância, verifica-se, de igual forma, para os professores, a existência de um desafio maior, que é o de criar uma sequência didática que possa conduzir o aluno à aprendizagem de certos conceitos para a resolução de cálculos, assegurando-se, com isso, a construção do raciocínio lógico-matemático.

Tal perspectiva tem a sua razão de ser ao se considerar que, segundo Silva (2016), se não se promover um confronto das crianças com situações que lhes são familiares, nas quais elas necessitam desenvolver limites, ferramentas e conceitos para resolução, não se terá, igualmente, razão para a aprendizagem escolar. O desenvolvimento de atividades que propõe o ensino e resolução de situações-problema no campo aditivo ocorre desde os primeiros anos do ensino fundamental, permitindo assim o aumento gradativo da complexidade e nível de conhecimento.

Pode-se afirmar que, no ensino da matemática, um dos nomes mais respeitados seja de Gérard Vergnaud. Em seus estudos, Vergnaud desenvolveu a Teoria dos Campos Conceituais, a qual busca "tentar melhor compreender os problemas de desenvolvimento específicos no interior de um mesmo campo de conhecimento". (ETCHEVERRIA, CAMPOS, SILVA, 2015, p. 1184)

Em relação ao campo aditivo, os estudos de Kato et al. apontam que Vergnaud trata o campo conceitual das estruturas aditivas.

> O campo conceitual das estruturas aditivas é o conjunto de situações cujo domínio requer uma ou várias adições ou subtrações ou uma combinação de tais operações, e o conjunto dos conceitos e teoremas que permitem analisar estas situações como tarefas matemáticas (KATO *et al*, 2013, p. 37)

Nos mesmos estudos, Kato et al. refletem que "dominar as estruturas aditivas implica ser capaz de resolver diversos tipos de situações-problema, o que significa que não basta saber operar um cálculo numérico". (KATO et al, 2013, p. 37)

Cabe aqui ressaltar que os professores dos anos iniciais, conforme afirma Vernaud (2008), em sua grande maioria, não tem formação específica da matemática, tornando na prática o conhecimento e o uso da Teoria dos Campos Conceituais no ensino da matemática raro. Vernaud (2008), em uma entrevista realizada em 2008, reflete acerca do assunto respondendo a uma pergunta que "Infelizmente, na Educação, não temos o hábito de levar o resultado das pesquisas para dentro da sala de aula, como fazem regularmente médicos e outros cientistas, e isso é uma perda muito grande para nós". (VERNAUD, 2008). Vergnaud também acreditava na importância da compreensão de como as crianças constroem os conhecimentos matemáticos.

Psicólogo e biólogo, Jean Piaget desenvolveu pesquisas a respeito dos processos de formação do raciocínio infantil e do desenvolvimento biológico. Sua obra representa um marco na compreensão do conhecimento e das habilidades cognitivas dos seres humanos.

Nas palavras de Pádua, a Epistemologia Genética, teoria construtivista desenvolvida por Jean Piaget, tem como grande preocupação:

> (...) explicar a ordem de sucessão em que as diferentes capacidades cognitivas se constroem. "O fato da formação de capacidade cognitiva acontecer em períodos sucessivos decorre, principalmente, de que as competências que vão sendo adquiridas pelo sujeito ao longo de sua vida, pressuporem outras que lhes são anteriores" (PÁDUA, 2009, p. 27)

Silva (2019) destaca que Jean Piaget divide a sucessão das diferentes capacidades cognitivas em um conceito denominado fases, ao qual considera o conceito mais famoso de Piaget. Ainda citando "o autor", Piaget dividiu as fases do desenvolvimento cognitivo em quatro estágios: sensório-motor (0 a 2 anos), pré-operatório (2 a 7 anos), operatório-concreto (7 a 11-12 anos) e o operatório-formal (a partir de 11-12 anos). Tais estágios vão desde o nascimento da criança até sua adolescência, aonde se entende que sua capacidade plena do raciocínio está atingida.

Vale ressaltar que é no período das operações-formais (11-12 em diante) em que os estudos de Piaget identificam que as crianças são capazes de formular uma relação abstrata com objetos, ou seja, deduzir pensamentos. Nos estudos de Pádua (2009) descreve que a criança é capaz de "principal característica desta fase consiste em poder realizar estas operações sobre hipóteses e não somente sobre objetos, ou seja, de agora em diante, a criança pode versar sobre enunciados verbais, isto é, sobre proposições".

O referido projeto visará crianças no 4º ano do ensino fundamental, ou seja, no estágio operatório-concreto. Citado anteriormente, Pádua (2009) relata que "por volta dos 7-8 anos de idade aproximadamente, depois de ter passado por algumas fases de transição, a criança chega à constituição de uma lógica e de estruturas operatórias denominadas concretas". Este estágio se caracteriza por ser uma fase de transição entre a ação e as estruturas lógicas mais gerais.

Apesar da capacidade de abstração e dedução estarem mais associados ao estágio das operações formais e, levando em consideração que esta pesquisa será realizada em crianças no estágio operatório-concreto, é interessante ressaltar que estamos nos referindo a uma geração considerada nativos digitais. De acordo com Prensky (2001) os Nativos Digitais nasceram em uma época na qual não se consegue imaginar o mundo sem as tecnologias uma vez que, quando vieram ao mundo, o computador, o celular e a internet já faziam parte da realidade. O acesso precoce às ferramentas tecnológicas como as mídias sociais, streaming de vídeos, jogos e aplicativos podem vir a favorecer a capacidade de abstração e consequentemente as estruturas lógicas gerais.

Entretanto, apenas o acesso e o saber operar tais ferramentas não garantem efetivamente o desenvolvimento cognitivo. Faz-se necessário criar situações educativas na escola que favoreçam a construção do saber e do conhecimento, evitando o aprendizado mecânico.

Aluno de Piaget, Seymour Papert desenvolveu a teoria do construcionismo. Nos estudos de Altoé:

> "O ambiente informatizado na perspectiva construcionista propõe ao aluno construir e reconstruir o seu conhecimento por meio das informações do mundo exterior. O computador passa a ser a ferramenta educacional que possibilita a construção do conhecimento. O professor assume o papel fundamental de auxiliar o aluno, de ser o facilitador da aprendizagem" (ALTOÉ, 2009, p. 172).

Pocrifka (2009, p. 2471) relata que "por meio dessa metodologia, pretende-se propiciar um ambiente em que o conhecimento não é passado para as crianças, mas sim, ao interagir com esse ambiente". O construcionismo parte do pressuposto que, para aprender, o conhecimento deve ser construído ou reconstruído pelo próprio sujeito que aprende através da ação.

Em relação ao processo educacional, Altoé (2009, p. 172) reflete que "a abordagem construcionista favorece a quebra de paradigmas porque o ambiente proporciona a interação dos professores e alunos por meio de situações de conflitos que possam surgir". Assim, o aluno ganha protagonismo no processo de ensino, permitindo a oportunidade de exploração e busca do conhecimento.

Tendo em vista que o construcionismo visa o aprendizado da criança por meio da exploração, interação, investigação e descoberta, percebe-se então a necessidade de criarmos condições que estimulem o raciocínio do aluno tornando-o capaz de exercer o protagonismo de seu ensino.

Wing (2006, p. 02) afirma que PC "envolve a resolução de problemas, projeção de sistemas, e compreensão do comportamento humano, através da extração de conceitos fundamentais da ciência da computação".

Já Blikstein considera que:

> (...) a habilidade de transformar teorias e hipóteses em modelos e programas de computador, executá-los, depurá-los, e utilizá-los para redesenhar processos produtivos, realizar pesquisas científicas ou mesmo otimizar rotinas pessoais, é uma das mais importantes habilidades para os cidadãos do século XXI. (BLIKSTEIN, 2008)

Deste modo, o PC, sendo ele caracterizado por um conjunto de processos cognitivos, técnicas e conceitos da ciência da computação para a resolução de problemas e destacando sua relevância pelo fato de ser aplicado a várias áreas do campo conhecimento e importante a qualquer cidadão de qualquer área de atuação.

Referências

ALBUQUERQUE, Leila Cunha de; GONTIJO, Cleyton Hércules. **A complexidade da formação do professor de matemática e suas implicações para a prática docente** v. 20, n. 1, Passo Fundo, p. 76-87, jan./jun. 2013. Disponível em: www.upf.br/seer/index.php/rep. Acesso em: 12 jun. 2020.

ALTOÉ, Anair; FUGIMOTO, Sonia Maria Andreto. **Computador na Educação e os desafios educacionais**. Disponível em <http://www.pucrs.br/ciencias/viali/doutorado/ptic/aulas/aula_3/1919_1044.pdf>. Acesso: 20 ago 2019.

laudio F. O pensamento computacional como estratégia de aprendizagem, autoria digital e construção da cidadania. In: teccogs – **Revista Digital de Tecnologias Cognitivas**, n. 18, jul./dez. 2018, p. 94. Disponível em: .https://www.pucsp.br/pos/tidd/teccogs/artigos/2018/edicao_18/teccogs18_artigo05.pdf. Acesso em: 20 jul. 2020.

ARMANDO, José. Integração do Pensamento Computacional no Currículo da Educação Básica: Diferentes Estratégias Usadas e Questões de Formação de Professores e Avaliação do Aluno Valente. **Revista e-Curriculum**. São Paulo, v.14, n.03. 2016. Disponível em: https://revistas.pucsp.br/curriculum/article/view/29051/20655. Acesso em: 20 mai 2020.

BLIKSTEIN, Paulo. **O PC e a reinvenção do computador na educação**, 2008. Disponível em: http://cgceducacao.com.br/o-pensamento-computacional--e-reinvencao-computador-na-educacao. Acesso em: 20 mai 2020.

BRASIL. Instituto Nacional de Estudos e Pesquisas Educacionais Anísio Teixeira. **Sistema de Avaliação da Educação Básica**, 2017. Disponível em <http://download.inep.gov.br/educacao_basica/saeb/2018/documentos/presskit_saeb2017.pdf> Acesso em 16 de setembro de 2019.

______. Instituto Nacional de Estudos e Pesquisas Educacionais Anísio Teixeira. **Programa Internacional de Avaliação de Estudantes - Brasil**, 2015. Disponível em <http://download.inep.gov.br/acoes_internacionais/pisa/resultados/2015/pisa2015_completo_final_baixa.pdf> Acesso em 07 de agosto de 2019.

______. Ministério da Educação e Cultura. **Base Nacional Comum Curricular**, 2017. Disponível em <http://basenacionalcomum.mec.gov.br/images/BNCC_EI_EF_110518_versaofinal_site.pdf> Acesso em 09 de agosto de 2019

BURKE, Brian. **Gamificar: como a gamificação motiva as pessoas a fazerem coisas extraordinárias**. São Paulo: dvs, 2015.

CASTELS, Manuel. **A era da Informação: economia, sociedade e cultura**. 6. ed. São Paulo: Paz e Terra, 2002.

ETCHEVERRIA, Teresa Cristina; CAMPOS, Tania Maria Mendonça; SILVA, Angelica Fontoura Garcia. **Campo conceitual aditivo: um estudo com professoras dos anos iniciais do ensino fundamental**. Disponível em <https://www.redalyc.org/pdf/2912/291243162020.pdf>. Acesso em: 20 mai 2020.

KAFAI, Yasmin B.; PEPPLER, Kylie A.; CHAPMAN, Robbin (orgs.). **The computer clubhouse**. Nova Iorque: Teachers' College Press, 2009.

BRENNAN, K., RESNICK, M. **New frameworks for studying and assessing the development of computational thinking**. Artigo apresentado no American Educational Research Association Annual Meeting, Vancouver, Canadá, 2012.

KATO, Lilian Akemi et al. **Estratégias de resolução em problemas do Campo Conceitual Aditivo: um estudo com alunos ingressantes nos Cursos de Ciências Exatas**. Disponível em <https://s3.amazonaws.com/academia.edu.documents/37183619/artigo_GEPEM_2013.pdf?response-content-disposition=inline%3B%20filename%3DProblem_solving_strategies_of_Additive_C.pdf&X-Amz-Algorithm=AWS4-HMAC-SHA256&X-Amz-Credential=AKIAIWOWYYGZ2Y53UL3A%2F20190926%2Fus-east-1%2Fs3%2Faws4_request&X-Amz-Date=20190926T182918Z&X-Amz-Expires=3600&X-Amz-SignedHeaders=host&X-Amz-Signature=6123496625f6d170c89cb78f2f89db45484f8d0a0e58d5262338a22970505940. Acesso em: 20 mai 2020.

LIUKAS, L. **Hello Ruby: adventures in coding**. [S.l.]: Macmillan, 2015. v. 1.

MCGONIGAL, Jane. **A realidade em jogo: por que os games nos tornam melhores e como eles podem mudar o mundo**. Rio de Janeiro: BestSeller, 2012.

MEIRA, Ricardo Radaelli. **Pensamento Computacional na Educação Básica: uma Proposta Metodológica com Jogos e Atividades Lúdicas.** Dissertação de Mestrado Profissional em Tecnologias Educacionais em Rede. Santa Maria, RS. 2017. . Disponível em: https://repositorio.ufsm.br/bitstream/handle/1/15199/DIS_PPGTER_2017_MEIRA_RICARDO.pdf?sequence=1&isAllowed=y. Acesso em: 20 mai 2020.

MORETTI, Vinícius Fernandes. O **pensamento computacional no ensino básico: potencialidades de desenvolvimento com o uso do Scratch**. 2019. 105 f. Disponível em: https://lume.ufrgs.br/bitstream/handle/10183/199282/001100942.pdf?sequence=1&isAllowed=y. Acesso em: 20 jul. 2020.

NACARATO, A. M.; PAIVA, M. A. V. (Org.). **A formação do professor que ensina matemática: perspectivas e pesquisas**. Belo Horizonte: Autêntica, 2008.

OKADA, A et. al.. **Coaprendizagem através de rea e Redes Sociais. In: okada, A. Open educational resources and social networks: co-learning and professional development. Londres: Scholio Educational Research & Publishing,** 2012. Disponível em: http://oer.kmi.open.ac.uk/?page_id=1479. Acesso em: 12 jun. 2020.

PADUA, Gelson Luiz Daldegan de. **A epistemologia Genética de Jean Piaget.** Disponível em <https://s3.amazonaws.com/academia.edu.

documents/39349855/A_EPISTEMOLOGIA_GENETICA.pdf?response-content-disposition=inline%3B%20filename%3DA_EPISTEMOLOGIA_GENETICA.pdf&X-Amz-Algorithm=AWS4-HMAC-SHA256&X-Amz-Credential=AKIAIWOWYYGZ2Y53UL3A%2F20190830%2Fus-east-1%2Fs3%2Faws4_request&X-Amz-Date=20190830T110333Z&X-Amz-Expires=3600&X-Amz-SignedHeaders=host&X-Amz-Signature=22853e99ac7f86f0753c4c73dd2346d15233c306c4a16dc27c18ec98b83bcf4d. Acesso em: 20 mai 2020.

PAPERT, Seymour. **Mindstorms: Children, ComputersandPowerfullIdeas**. New York: Basic Books, 1980.

PASQUAL JÚNIOR, Paulo Antonio. **Pensamento Computacional e Formação de Professores: Uma Análise a Partir da Plataforma code.org**. Dissertação em Educação da Universidade de Caxias do Sul. 2018. Disponível em: https://repositorio.ucs.br/xmlui/bitstream/handle/11338/4155/Dissertacao%20Paulo%20Antonio%20Pasqual%20J%c3%banior.pdf?sequence=1&isAllowed=y. Acesso em: mai de 2020.

PASQUAL JÚNIOR, Paulo Antonio; OLIVEIRA, Simone de. Pensamento Computacional: Uma Proposta de Oficina Para a Formação de Professores. UCS. **RENOTE**. V. 17 Nº 1. 2019. Disponível em: https://seer.ufrgs.br/renote/article/view/95707/0. Acesso em: mai de 2020.

POCRIFKA, Dagmar Heil; SANTOS, Taís Wojciechowski. **Linguagem Logo e a construção do conhecimento**. Disponível em: <https://educere.bruc.com.br/arquivo/pdf2009/2980_1303.pdf>. Acesso em: 22 ago2019.

PRENSKY Marc. **Nativos Digitais, Imigrantes Digitais 2001**. Disponível em: <http://depiraju.edunet.sp.gov.br/nucleotec/documentos/Texto_1_Nativos_Digitais_Imigrantes_Digitais.pdf>. Acesso em: 22 ago 2019

RICARDO, Eleonora Jorge. **Educação a distância: professores-autores em tempos de cibercultura**. São Paulo: Atlas, 2013.

SANTAELLA, Lucia. **Comunicação ubíqua: repercussões na cultura e na educação**. São Paulo: Paulus, 2013.

SELBY, C.; WOOLLARD, J. **Computational thinking: the developing definition**, 2013. Disponível em: <https://eprints.soton.ac.uk/356481>. Acesso em: 04 nov. 2018.

SILVA Vladimir, SILVA, Klebson; FRANÇA, Rozelma Soares de. **Pensamento computacional na formação de professores: experiências e desafios encontrados no ensino da computação em escolas públicas.** VI Congresso Brasileiro de Informática na Educação. 2017. Disponível em: https://www.br-ie.org/pub/index.php/wie/article/view/7299/5097. Acesso em: mai de 2020.

SILVA, Wilson; MOCELIN, Marcia Regina. **Epistemologia genética**. Paraná: Ed. Intersaberes, 2019.

VALENTE, José Armando (Org.). **O Computador na Sociedade do Conhecimento.** Campinas: Unicamp/nied, 1999.

VALENTE, José. Armando. Integração do Pensamento Computacional no Currículo da Educação Básica: Diferentes Estratégias Usadas e Questões de Formação de Professores e Avaliação do Aluno. **Revista e-Curriculum.** v.14, n.03, p. 864 – 897. 2016.Disponível em: https://revistas.pucsp.br/index.php/curriculum/article/view/29051. Acesso em: mai de 2020.

VERGNAUD, Gérard. Todos perdem quando a pesquisa não é colocada em prática. [Entrevista concedida a] Gabriel Pillar Grossi. Nova Escola, 1 set. 2008. Disponível em <https://novaescola.org.br/conteudo/960/gerard-vergnaud-todos-

-perdem-quando-a-pesquisa-nao-e-colocada-em-pratica. Acesso em: mai de 2020.

WAISELFISZ, Julio Jacobo. **Lápis, borracha e teclado: tecnologia da informação na educação**. Brasília: Rede de Informação Tecnológica Latino-americana (ritla), 2007.

WING, Jeannette M. Computational Thinking: What and Why? 2011. Disponível em: https://royalsocietypublishing.org/doi/full/10.1098/rsta.2008.0118. Acesso em: 5 out. 2019.

______. **Computational thinking and thinking about computing**. 2008. Disponível em: https://www.researchgate.net/publication/23142610_Computational_thinking_and_thinking_about_computing. Acesso em: 10 out. 2019.

______. Computational thinking. Communications of the ACM, 49(3):33–35, 2006.

ZILIO, Charlene; NÓBILE, Márcia Finimundi. Pensamento Computacional na formação continuada de professores que atuam no laboratório de informática. XII Encontro Nacional de Pesquisa em Educação em Ciências – XII ENPEC. Universidade Federal do Rio Grande do Norte, Natal, RN. 2019. Disponível em: http://abrapecnet.org.br/enpec/xii-enpec/anais/resumos/1/R0391-1.pdf. Acesso em: 20 mai 2020.

Capítulo 2

Computação Desplugada

Marco Antonio Sanches Anastacio
Juliano Schimiguel
Alcides Teixeira Barboza Junior
Leonardo Akira Teixeira Dantas Kamimura
Universidade Cruzeiro do Sul

2.1 Introdução

Não seria exagero dizer que nem mesmo o mais otimista dos filmes de ficção científica teria previsto com exatidão o momento que a sociedade tecnológica-globalizada vive hoje e sua intrínseca relação com o meio digital.

Se o acesso à informação por meio da grande rede de computadores já era algo "mágico", conectar pessoas no meio virtual, quer para promover um ambiente síncrono de aprendizagem, quer para levar o escritório para casa, demostra como a evolução das tecnologias digitais de informação e comunicação (TDIC) têm causado uma transformação profunda na sociedade moderna, em todas as dimensões (GABRIEL, 2013).

Essa realidade do mundo atual é fruto de uma transformação tecnológica e científica que trouxe reflexos profundos nas relações sociais, políticas e culturais, constituindo um novo paradigma técnico-econômico, uma sociedade da informação (WERTHEIN, 2000). Portanto, era de se esperar uma reflexão docente sobre modelos de ensino e aprendizagem que possam acompanhar essa evolução e sejam adequados ao mundo digital e ao uso das TDICs.

Nesse contexto, enquanto diversos autores se debruçam à análise e discussão de ferramentas e métodos que levem a sala de aula tradicional para essa nova realidade, surge como possibilidade o desenvolvimento do Pensamento Computacional (PC), com potencial de oferecer um ensino voltado à resolução de problemas, tomada de decisões, abstração e pensamento algorítmico, capaz de fornecer uma formação que transcenda a simples transmissão de conhecimentos, mas, também forme um aluno completo, que possa atuar criticamente na sociedade, participando da transformação de sua própria realidade (KAMINSKI e BOSCARIOLI, 2020).

O pensar computacionalmente contribui para um aumento cognitivo e a formação da criticidade do indivíduo, desenvolvendo aptidões que vão além do saber navegar na *internet*, evoluindo para um saber produzir conhecimento por meio do uso do computador (KAMINSKI e BOSCARIOLI, 2020)

No entanto, apesar do potencial que as atividades que exercitam o Pensamento Computacional têm no desenvolvimento de habilidades desejadas pela sociedade contemporânea, é fato que sua complexidade ainda é um problema quando se considera sua efetiva aplicação em sala de aula, principalmente na educação básica, considerando a formação do docente que atua nessa etapa e os recursos tecnológicos disponíveis nas escolas, distribuídas pelos mais longínquos extremos do país.

Nesse sentido, a utilização de práticas de Computação Desplugada (do inglês, *Computer Science Unplugged*), oferece um rol extenso de possibilidades para o docente trabalhar com atividades de Pensamento Computacional, "em especial nos anos iniciais do ensino fundamental, quando as atividades lúdicas e concretas são importantes para o ensino e a aprendizagem em função do processo de desenvolvimento das crianças" (KAMINSKI e BOSCARIOLI, 2020, p. 2).

Apesar de sua importância no desenvolvimento cognitivo dessa faixa etária, as atividades desplugadas são igualmente valiosas também no ensino médio, onde a matemática segue reinante absoluta na tarefa de desenvolver o pensar abstrato, e até mesmo no ensino superior, como apoio aos cursos de ciência da computação e formação de professores.

Dentre os inúmeros benefícios das atividades desplugadas destaca-se a possibilidade de ser trabalhada em sala de aula normal por qualquer docente, sem a necessidade de um especialista em computação, democratizando o acesso a esse conteúdo sem necessariamente investir-se em laboratórios próprios para isso (SANTOS, GAMA e FARIAS, 2019).

2.2 Pensamento Computacional

Com o avanço das tecnologias, cada vez mais os seres humanos estão imersos em um ambiente repleto de computadores ou dispositivos eletrônicos e com isso emerge uma necessidade cada vez maior das pessoas adquirirem minimamente conhecimentos básicos da computação. Existem diversas linhas de pesquisa que visam introduzir os conceitos da computação na educação, sendo o Pensamento Computacional uma dessas abordagens, que foi apresentada por Wing (2006):

> O Pensamento Computacional é uma habilidade fundamental para todos, não apenas para cientistas da computação. Para ler, escrever e calcular, devemos adicionar o Pensamento Computacional à capacidade analítica de cada criança (p. 33).

A proposta colocada pela autora é que se pode utilizar os conceitos e práticas presentes na ciência da computação para resolver problemas do cotidiano que, não necessariamente, estejam dentro da computação, ou seja, são princípios que podem ser utilizados em qualquer área do conhecimento. Podemos comparar o Pensamento Computacional com uma competência básica para a vida tecnológica, assim como ler, escrever e calcular, que são competências essenciais para nosso dia a dia.

O Pensamento Computacional de Wing (2006) inicialmente está pautado em quatro conceitos gerais da computação. O primeiro refere-se à decomposição de um problema em partes menores; o segundo diz respeito ao reconhecimento de padrões, que ajuda a identificar aspectos comuns dentro do problema estudado; o terceiro conceito é relacionado com a abstração, que visa apenas analisar elementos relevantes para a resolução do problema e o quarto conceito que se refere aos algoritmos, ou seja, a criação de sequências de passos para a resolução do problema.

Tendo como base esses princípios, diversos estudos sobre o tema visam ampliar os conceitos da ciência da computação incorporando estes ao Pensamento Computacional, como por exemplo, os autores Barr e Stephenson (2011) que apresentam algumas competências mais detalhadas e propõem uma série de atividades em diferentes áreas do conhecimento. Para este tema, destacam-se somente as competências apontadas pelos autores, que são:

- Coleta de dados
- Análise de dados
- Representação de dados
- Decomposição de problemas
- Abstração
- Algoritmos e procedimentos
- Automação
- Paralelismo
- Simulação

Essas competências destacadas podem ser aplicadas em diferentes áreas e não necessariamente precisam fazer uso de computadores para sua elaboração, em outras palavras, todas elas são passíveis de serem trabalhadas por meio de atividades lúdicas, com uso de materiais como papel e lápis, por exemplo.

Com os avanços das pesquisas nesta área do Pensamento Computacional e visando a aplicação em diversos níveis de ensino e áreas do conhecimento, surgiu o conceito de Computação Desplugada que visa a aprendizados dos conceitos aqui apresentados sem o uso de hardware ou software, tema que será mais bem apresentado no próximo tópico.

2.3 Computação Desplugada

A Computação Desplugada, ou *CS Unplugged*, é uma estratégia metodológica que se propõe a ensinar o Pensamento Computacional (alguns tópicos da ciência da computação), por meio de atividades que não envolvem o uso do computador, ou seja, que podem ser aplicadas independente de recursos de hardware ou software.

Com o objetivo de introduzir conceitos e ideias de ciência da computação para pessoas não técnicas, as atividades desplugadas são desenvolvidas em sua maioria por meio de uma aprendizagem cinestésica, ou seja, uma aula não somente expositiva, mas, que também envolve o estudante no trabalho de aprender os conceitos abordados (BRACKMANN, BOUCINHA, *et al.*, 2017).

Sua aplicação em sala de aula envolve uma sequência de atividades sem ligação com tecnologia e que são executadas de modo que o aluno possa desenvolver, de forma dinâmica e didática, o raciocínio lógico, estimulado a partir da resolução de problemas que requerem habilidades de Pensamento Computacional, constituindo-se em material lúdico e de fácil aplicação em qualquer escola, construindo uma sala de aula colaborativa.

As atividades geralmente trabalham com o uso de lápis e papel ou algum outro tipo de manipulador físico, promovendo experiências que, intencionalmente, auxiliam o estudante a compreender conceitos abstratos e mais complexos e como se relacionam com o mundo no qual ele está inserido.

Apesar de não muito claro quanto ao seu surgimento, os primeiros registros da utilização do conceito de Computação Desplugada na educação básica datam de

1997, quando Tim Bell, Ian H. Witten e Mike Fellows lançaram o rascunho de um livro digital intitulado "*Computer Science Unplugged... Off-line activities and games for all ages*", que consistia em uma série de atividades com o objetivo de trabalhar, em qualquer nível escolar, os conceitos de ciência da computação sem a necessidade de um computador (BRACKMANN, BOUCINHA, *et al.*, 2017).

Devido a sua qualidade, o material apresentado passou a nortear propostas recomendando que fizesse parte de diversos currículos, como o sugerido nos Estados Unidos pela *Computer Science Teachers Association* (CSTA). Assim, o livro exerceu um papel importante no surgimento do conceito de atividades desplugadas ou, como destaca o Professor Luciano Barreto no prefácio à edição brasileira do livro, atividades que podem ser aplicadas por professores não especialistas, até mesmo em localidades com acesso precário à recursos tecnológicos (BELL, WITTEN e FELLOWS, 2011).

Estruturado em três partes: Representando as Informações, Algoritmos e Representando Procedimentos, o livro aborda conceitos fundamentais da ciência da computação em forma de atividades lúdicas, como por exemplo, a representação da informação por meio de binários e alfabetos, permitindo o desenvolvimento ativo e significativo de habilidades de comunicação, resolução de problemas e criatividade (BELL, WITTEN e FELLOWS, 2011).

Uma abordagem tripartida parecida também é utilizada nos trabalhos de Brennan e Resnick (2012) para análise do Pensamento Computacional voltado para programação, composto de três dimensões: conceitos, práticas e perspectivas computacionais. De modo geral, as dimensões apresentadas pelos dois pesquisadores podem ser aplicadas dentro do conceito de Computação Desplugada.

A primeira dimensão, que trata sobre conceitos de programação, pode ser trabalhada com as atividades voltadas à representação da informação, que apresenta conceitos de dados e informação, tipos de dados e como o computador converte a informação em zeros e uns (sistema binário).

Na segunda dimensão, os conceitos de resolução de problemas, que envolvem abstração e modularização, por exemplo, são abordados em atividades de algoritmos, ou seja, um conjunto de instruções utilizadas para resolver um problema ou completar uma tarefa.

Na visão de Brennan e Resnick (2012) a última dimensão concentra-se no entendimento que temos sobre a tecnologia. Nessa análise do entendimento do estudante sobre as relações com o mundo tecnológico, espera-se que sua experiência à frente de um computador vá além daquela baseada somente em cliques, navegação na internet e bate-papo.

É inegável a capacidade que o jovem estudante possui para interagir rapidamente com novas tecnologias, porém, não se pode dizer o mesmo quanto à experiência relacionada à criação. Por analogia, é como se soubessem ler o mundo tecnológico, mas não escrever.

Ser fluente nessa nova realidade, é uma das competências básicas que se deseja desenvolver nos estudantes, como destacam os principais documentos norteadores da educação básica, não apenas no Brasil. Para tanto, é importante entender como o computador lida com a informação e trabalha as instruções recebidas, ou seja, como ele "pensa". Essa terceira dimensão pode ser explorada e traduzida para o estudante nas atividades **"Representando Procedimentos"**, que exploram as instruções e como são interpretadas pelo computador.

Se por um lado o Pensamento Computacional é visto por professores e alunos como algo inacessível, ignorando o fato de que é possível desenvolver criatividade, interdisciplinaridade e o pensamento crítico e científico, por outro, vivenciar a utilização de atividades que envolvem programação sem a necessidade de um computador ou professor especialista, abre um leque de enormes possibilidades.

É verdade que os professores têm se utilizado cada vez mais das TDICs como recursos para ministrar aulas, porém, limitados à utilização de apresentações digitais como *PowerPoint* ou ferramentas para elaboração de questionários, muitas vezes gamificados, simuladores, entre outros. Apesar de um avanço nesse sentido, um passo importante poderia ser dado com a incorporação de uma metodologia que trabalhasse o Pensamento Computacional por meio da Computação Desplugada.

Não se deve confundir e tampouco limitar o uso do computador dentro da escola como mero manuseio para utilização de aplicações básicas, navegação na internet, ou simplesmente como suporte à realização de alguma tarefa específica.

Já na década de 1960, ao criar a linguagem Logo, Papert apontava para os benefícios da programação na educação, em especial no ensino de matemática. Como destacado anteriormente, não se pode negar a importância do uso das TDICs para o desenvolvimento nos estudantes de habilidades de raciocínio lógico e resolução de problemas, por meio da utilização desse novo conhecimento adquirido (SANTOS, SOARES, *et al.*, 2016).

2.4 Atividades desplugadas

Dentre as diversas possibilidades para se trabalhar os conceitos de Pensamento Computacional com atividades desplugadas, nesta seção optou-se por apresentar dois exemplos de problemas computacionais que têm origem em situações que não necessariamente se utilizariam do computador. Na primeira atividade é apresentado o conceito de criptografia, que tem grande importância no mundo atual, no qual as pessoas lidam o tempo todo com informações e dados, pessoais ou de terceiros.

Quando aplicada na educação básica, nessa atividade é importante que o professor destaque a importância da segurança quando lidamos com informação, que vai desde uma simples anotação em um diário pessoal até dados pessoais.

A segunda atividade apresenta conceitos referentes à ordenação e sua importância na ciência da computação, mas, também, sua relação com aplicações do dia a dia, como a ordenação de figurinhas em um álbum ou livros em uma estante ou biblioteca.

É importante ressaltar que o livro *CS Unpluged* apresenta uma vasta coleção de atividades aplicáveis a diversos níveis da educação e, portanto, as atividades a seguir são somente exemplos para demonstrar o potencial do conceito desplugado e podem ser livremente utilizadas.

2.5 Atividade 1: Onde está Alan Turing?

Alan Turing foi um matemático e cientista da computação conhecido por ter decifrado o código da máquina chamada Enigma, usada pelos alemães na Segunda Guerra Mundial para embaralhar as mensagens transmitidas entre os seus aliados. Também conhecido por seus feitos na área de computação e inteligência artificial, Turing é considerado por muitos como "o pai da ciência da computação".

O termo embaralhar neste caso remete ao conceito de criptografia, uma técnica utilizada para codificar e decodificar dados. Para Guarda *et al.* (2018) criptografia pode ser entendida como um conjunto de técnicas para codificar informações que são legíveis por meio de um algoritmo. Deste modo, um texto codificado (ou criptografado) somente seria legível mediante um processo de decriptação, ou seja, recuperação das informações originais aplicando-se o algoritmo de criptografia inicialmente utilizado.

Embora muito comum na área de computação, essa técnica também é muito utilizada por adolescentes, por exemplo, em diários pessoais nos quais mensagens "secretas" são codificadas por meio da substituição de letras por símbolos. Obviamente, quando se traz para a computação, a gama de técnicas que permitem a codificação e decodificação são as mais diversas.

Um dos métodos mais elementares nesse processo, é a substituição ou deslocamento de caractere, que se utiliza da criptografia com chave simétrica.

Neste tipo de codificação e decodificação, os dois agentes que manipulam a mensagem (remetente e destinatário) possuem uma chave que permite codificar para enviar a mensagem e decodificar para ler a mensagem. Dentre as possibilidades de uso deste tipo de criptografia, uma que se destaca por sua simplicidade é a chamada **Cifra de Deslocamento**, que basicamente desloca a posição de um símbolo de um texto, a partir de um número fixo, dado pela chave de criptografia. O deslocamento para cifrar, por padrão, é feito para a esquerda e para decifrar para a direita. Para entender melhor o método, considere o exemplo a seguir:

Chave: 2
Texto: Vida
Símbolos usados: ABCDEFGHIJKLMNOPQRSTUVWXYZ

Observação: quando o símbolo estiver próximo ou no início da lista, o deslocamento é circular, ou seja, deve-se ir para o final da listagem e continuar voltando as posições, conforme a Figura 1.

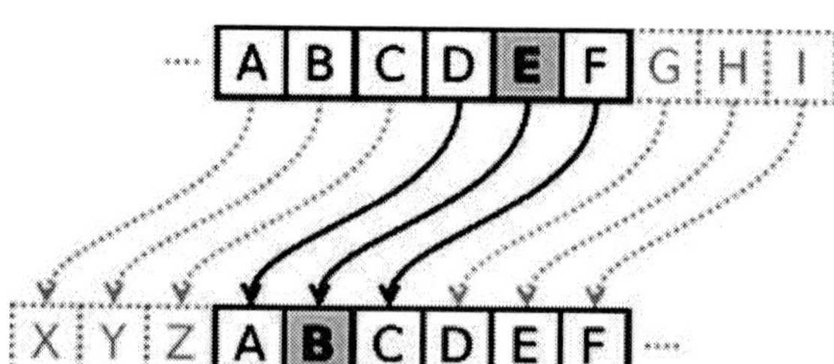

Figura 1 – Cifra de deslocamento. Fonte: Forouzan (2012).

Para o texto dado tem-se a seguinte mensagem criptografada: TGBY. Pode-se decodificar a mensagem "TGBY", usando a chave 2, obtendo-se novamente a mensagem "VIDA", lembrando que o deslocamento neste caso deve ser para a direita.

A proposta desta atividade desplugada, consiste na seguinte pergunta: **Onde está Alan Turing?** Os alunos devem receber a mensagem criptografada que indica a localização do cientista e a chave que devem utilizar para decifrar esta mensagem.

A mensagem codificada com a localização do cientista é "Xixk Qrofkd bpqx bj Mxaafkdqlk" e a chave utilizada para cifrar ou decifrar o texto é 3. Por simplificação, as letras acentuadas devem ser consideradas sem os respectivos acentos, ou seja, a letra "á" será o mesmo que "a", e assim por diante.

O conjunto de símbolos que deve ser utilizado na atividade é formado pelo alfabeto tradicional composto por 26 letras (ignorando as letras acentuadas): a, b, c, d, e, f, g, h, i, j, k, l, m, n, o, p, q, r, s, t, u, v, w, x, y, z

Após aplicar o algoritmo de substituição, os alunos terão a mensagem: **"Alan Turing está em Paddington"**.

O deslocamento para a esquerda ou direita, irá determinar por qual símbolo deve-se fazer a troca na mensagem, tendo como base a cifra 3 deste exemplo, basicamente tem-se a seguinte codificação:

Símbolos: ABCDEFGHIJKLMNOPQRSTUVWXYZ
Cifra: XYZABCDEFGHIJKLMNOPQRSTUVW

Caso os alunos tenham dificuldade, o professor poderá passar a cifra anterior para ajudá-los.

Uma variação dessa atividade consiste no professor trabalhar o exercício com uso de expressões matemática, podendo utilizar fórmulas, como abaixo:

- Para cifrar: $E_c(x)=(x-c)$ resto da divisão por 26
- Para decifrar: $D_c(x)=(x+c)$ resto da divisão por 26

De modo que:

- E_c é a encriptação com base na chave (cifra)
- D_c é decriptação com base na chave (cifra)
- x é a posição da letra (em processamento) dentro da lista de símbolos
- c é o valor da cifra utilizada para codificar e decodificar a mensagem

Veja os exemplos a seguir:

Letra A, posição 1 dentro da lista de símbolos, cifra = 3, para codificar deslocamos para a esquerda:

$E_3(1) = (1-3)$ resto da divisão por 26

$E_3(1) = -2$ resto da divisão por 26

$E_3(1) = -2$

...	-2	-1	0	1	2	3	...
...	X	Y	Z	A	B	C	...

Letra X, posição -2 dentro da lista de símbolos, cifra = 3, para decodificar deslocamos para a direita:

$D_3(-2) = (-2+3)$ resto da divisão por 26

$D_3(-2) = 1$ resto da divisão por 26

$D_3(-2) = 1$

...	-2	-1	0	1	2	3	...
...	X	Y	Z	A	B	C	...

Esta atividade pode ser feita utilizando lápis e papel, ou também elementos como cartões para facilitar a solução. Caso o professor queira tornar mais lúdica a atividade proposta, pode juntar 26 alunos, cada um representando uma letra da lista de símbolos e fazer com que, passo a passo, os alunos que estão decifrando a mensagem, façam as realocações dos colegas nas respectivas posições. Neste tipo de variação da atividade, sugere-se trabalhar apenas com palavras e não frases, isso facilita a condução e torna a atividade rápida.

2.6 Atividade 2: Ordenando o dinheiro na carteira com o *BubbleSort*

A ordenação é algo presente na vida de todos, desde jovens, as pessoas já estão em contato com algoritmos de ordenação que as fazem colocar em uma dada ordem objetos diversos. Se pensar no estojo de lápis de cor de uma criança, é possível notar que, provavelmente, sempre que ela for guardar os lápis colocará em uma ordem de cor dos tons, mesmo que ela nem perceba. Ainda nessa etapa escolar, a criança está cercada de vários outros exemplos, como a lista de presença, que pode ser ordenada em ordem alfabética ou ordem de matrícula.

Mesmo no dia a dia, é notável que as pessoas de uma forma ou de outra procuram ordenar as coisas e, utilizando-se de processos de ordenação, acabam seguindo diferentes critérios próprios para executar um passo a passo. Na computação isso não é diferente! Lógico que para o computador ordenar algo é necessário estabelecer um conjunto de comandos que, após a sua execução, tenha como resultado um conjunto de dados ordenados.

Existem diversas formas de se ordenar um conjunto de dados. Para esta atividade em especial, será utilizado o chamado método da bolha ou *bubblesort*, que consiste em percorrer cada elemento dentro de um conjunto que se deseja ordenar fazendo a comparação um a um. Caso o elemento atual seja maior que o posterior, efetua-se a troca. Para facilitar o enunciado aqui proposto, a ordenação pretendida será em ordem crescente.

A ideia principal é levar o maior valor para o final da lista e depois recomeçar o ciclo ignorando os valores que já foram ordenados, ou seja, que estão no final da listagem. Para melhor explicar a execução da atividade, considere o exemplo apresentado abaixo:

- Colocar em ordem crescente a lista de números a seguir: 7, 5, 4, 9, 1

A execução do algoritmo consiste em comparar o primeiro número com o próximo e, caso seja maior, efetua-se a troca de posição. O método repete-se, até "borbulhar" o maior número para o final da lista, sempre analisando se o anterior é maior que o posterior.

7	5	4	9	1
5	7	4	9	1
5	4	7	9	1
5	4	7	1	9
4	5	7	1	9
4	5	1	7	9
4	1	5	7	9
1	4	5	7	9

Ao final da execução do algoritmo, obtém-se a lista em ordem crescente. Para esta atividade, o aluno receberá um conjunto de cartões representando cédulas de dinheiro ou, em uma lista previamente escrita no papel, os valores que devem ser ordenados, como o exemplo a seguir:

- Lista de valores para a atividade: R$ 10, R$ 5, R$ 50, R$ 100, R$ 20, R$ 200, R$ 5

Em seguida, o professor deve demonstrar a estrutura para resolução do problema (algoritmo), acompanhando ou solicitando por escrito, o passo a passo que o aluno executou, a fim de que ele não entregue a atividade de forma automática sem executar o algoritmo proposto (instruções fornecidas previamente pelo professor).

Um algoritmo que pode ser utilizado para a ordenação é o seguinte:

1. Comparar o valor da posição X com o valor da posição X+1, ou seja, o valor atual (X) com seu sucessor (X+1);

2. Se o valor atual (X) for maior que o sucessor (X+1), deve ser feita a troca, caso contrário, comparam-se os próximos dois valores, sempre percorrendo um elemento por vez;

3. Ao chegar no final da lista, deve ser analisado se o conjunto de valores está ordenado, caso não esteja, deve-se voltar para o passo 1, repetindo-se tudo novamente. É importante destacar que as posições que estão no final da lista vão sendo ignoradas à medida que a ordenação avança.

Para os valores fornecidos na atividade cada aluno deve entregar a resposta como segue:

	10	5	50	100	20	200	5
Passo 1	5	10	50	100	20	200	5
Passo 2	5	10	50	100	20	200	5
Passo 3	5	10	50	100	20	200	5
Passo 4	5	10	50	20	100	200	5
Passo 5	5	10	50	20	100	200	5
Passo 6	5	10	50	20	100	5	
Passo 7	5	10	50	20	100	5	
Passo 8	5	10	50	20	100	5	
Passo 9	5	10	50	20	100	5	

Passo 10	5	10	20	50	100	5	
Passo 11	5	10	20	50	100	5	
Passo 12	5	10	20	50	5		
Passo 13	5	10	20	50	5		
Passo 14	5	10	20	50	5		
Passo 15	5	10	20	50	5		
Passo 16	5	10	20	50	5		
Passo 17	5	10	20	5			
Passo 18	5	10	20	5			
Passo 19	5	10	20	5			
Passo 20	5	10	20	5			
Passo 21	5	10	5				
Passo 22	5	10	5				
Passo 23	5	10	5				
Passo 24							

Ao terminar a atividade, o aluno deverá entregar a listagem completa com todos os passos, e, com o auxílio do professor, poderão ser discutidos os conceitos que foram utilizados, como por exemplo:

- Coleta de dados para verificar as notas que possui na carteira;
- Análise de dados para observar que os valores estão fora de ordem;
- Algoritmos e procedimentos que foram seguidos para fazer a ordenação;
- Automação do algoritmo a partir de um dado ponto na sua execução.

Esta atividade também pode ser trabalhada com um conjunto de objetos (livros, lápis, caixas, entre outros) de diferentes tamanhos. Neste caso, a atividade torna-se mais desafiadora na medida em que há necessidade da execução do passo a passo do algoritmo comparando cada objeto.

Uma sugestão para tornar esta atividade ainda mais lúdica, é anotar os valores que se deseja ordenar no papel e distribuir entre os alunos. Os alunos devem ficar lado a lado e assim, um colega poderá começar a ordenação, sempre destacando dois colegas adjacentes da esquerda para a direita e executando o algoritmo aqui detalhado até a completa ordenação da listagem.

2.7 Considerações Finais

A essa altura do texto, seria repetitivo e talvez cansativo demais reforçar a presença do computador no dia a dia das pessoas, mas não totalmente desnecessário! Nesse cenário tecnológico, o pensar computacionalmente deveria ser algo naturalmente abordado e fortemente trabalhado em sala de aula em qualquer nível da educação, mas, fundamentalmente na educação básica. Desejável, mas não aplicado!

Percebe-se que, se, por um lado quando se trata de tecnologia e seu uso em sala de aula há uma inquietação docente quanto à utilização de ferramentas, normalmente associada a uma dificuldade em lidar com as TDICs, por outro, grande parte das escolas ou não possuem acesso à internet ou têm baixa qualidade de conexão. Isso sem mencionar a quase inexistência de uma infraestrutura adequada de tecnologia em suas instalações (SANTOS, SOARES, *et al.*, 2016).

O relatório **Leitores do Século 21 – Desenvolvendo Habilidades de Alfabetização em um Mundo Digital** da Organização para Cooperação e Desenvolvimento Econômico apontou para um fato alarmante: mesmo com a familiaridade dos adolescentes com o uso da tecnologia, há dificuldades na compreensão, distinção e uso eficiente das informações disponíveis na internet (OECD, 2021).

Nesse sentido, a discussão sobre a introdução do Pensamento Computacional é pertinente ainda mais quando a possibilidade da utilização de atividades desplugadas surge como uma alternativa para os problemas já exaustivamente discutidos neste texto, como, por exemplo, a falta de estrutura tecnológica em escolas das mais diversas regiões do país.

No Brasil, as discussões sobre o tema Computação Desplugada ainda são discretas (SANTOS, GAMA e FARIAS, 2019), a despeito das reformas na educação básica promovidas pela Base Nacional Comum Curricular (BNCC).

Se na educação básica o momento é de mudanças, não há que faltar esforços quanto à discussão para incluir a Computação Desplugada e o Pensamento Computacional e isso certamente passa pelas Universidades, principalmente quanto à formação de professores.

Referências

BARR, V.; STEPHENSON, C. Bringing Computational Thinking to K-12: What is Involved and What is the Role of the Computer Science Education Community? **Inroads**, v. 2, n. 1, p. 48-54, 2011.

BELL, T.; WITTEN, I. H.; FELLOWS, M. **Computer Science Unplugged**. [S.l.]: [s.n.], 2011. Disponível em: <https://classic.csunplugged.org/wp-content/uploads/2014/12/CSUnpluggedTeachers-portuguese-brazil-feb-2011.pdf>. Acesso em: 10 jun 2021.

BRACKMANN, C. P. et al. **Pensamento Computacional Desplugado:** ensino e avaliação na educação primária da Espanha. Anais dos Workshops do VI Congresso Brasileiro de Informática na Educação (WCBIE 2017). Recife: [s.n.]. 2017. p. 982-991.

BRENNAN, K.; RESNICK, M. **New frameworks for studying and assessing the development of computational thinking.** Annual Meeting of the American Educational Research Association (AREA12). Vancouver: [s.n.]. 2012. p. 1-25.

FOROUZAN, B., MOSHARRAF, F. **Fundamentos da Ciência da Computação**. 2.ed. São Paulo: Cengage Learning, 2012.

GABRIEL, M. **Educ@r:** a revolução digital na educação. 2ª. ed. São Paulo: Saraiva, 2013.

GUARDA, G.; SILVA, D.; GOULART, I. **CriptoLab:** Um game baseado em Computação Desplugada e Criptografia. In: Workshop sobre Educação em Computação (WEI), XXVI, 2018, Natal. Anais: Sociedade Brasileira de Computação – SBC, 2018. p. 49 - 59.

KAMINSKI, M. R.; BOSCARIOLI, C. Práticas de Computação Desplugada como introdução ao desenvolvimento do Pensamento Computacional nos anos iniciais do ensino fundamental. **#Tear - Revista de Educação, Ciência e Tecnologia**, Porto Alegre, v. 9, n. 2, 2020.

OECD. 21st-Century Readers: Developing Literacy Skills in a Digital World, PISA. **OECD Publishing**, Paris, 2021.

SANTOS, A. L. C. D.; GAMA, R. S.; FARIAS, C. M. D. **Computação Desplugada no Ensino da Computação no Brasil:** um mapeamento sistemático da literatura. Anais da XIX Escola Regional de Computação Bahia, Alagoas e Sergipe. Porto Alegre: SBCOPENLIB. 2019. p. 565-574.

SANTOS, E. R. D. et al. Estímulo ao Pensamento Computacional a partir da Computação Desplugada: uma proposta para Educação Infantil. **Revista Latino-americana de Tecnologias Educativas - RELATEC**, Espanha, v. 15, n. 3, p. 99-112, 2016.

WERTHEIN, J. A sociedade da informação e seus desafios. **Ciência da Informação**, Brasília, v. 29, n. 2, p. 71-77, ago 2000. Disponível em: <https://www.

scielo.br/j/ci/a/rmmLFLLbYsjPrkNrbkrK7VF/?lang=pt#>. Acesso em: 6 jun 2021.

WING, J. M. Computational Thinking. **Communications of the ACM**, v. 49, n. 3, p. 33-35, 2006.

Capítulo 3

Pensamento Computacional e Scratch

Luciano Rossi
Universidade Cruzeiro do Sul
luciano.rossi@cruzeirodosul.edu.br

3.1. Introdução

A origem da educação, ainda de maneira informal, está relacionada com o ensino de aspectos práticos da vida cotidiana, com foco em prover habilidades úteis para a sobrevivência do indivíduo e na perpetuação de padrões culturais do grupo no qual se está inserido. Na tradição greco-romana, o termo 'escola' era utilizado para referenciar estabelecimentos de ensino que objetivavam a formação de uma elite, principalmente em áreas como: política, artes, aritmética e filosofia.

Um ponto em comum, tanto na educação primitiva informal quanto na tradição greco-romana, é a busca pela preparação do indivíduo para os desafios sociais de cada época, seja por meio do ensinamento de um ofício prático ou por disciplinas mais sofisticadas. Essa convergência de objetivos pode ser observada até hoje, visto que grande parte dos ensinamentos, perpetuados por instituições formais, refletem as demandas sociais contemporâneas.

A leitura e a escrita são fundamentos indispensáveis para o convívio e atuação em sociedade, deste modo os anos iniciais da formação de qualquer criança são voltados para a alfabetização. Note que a grande maioria das pessoas que sabem ler e escrever não utilizam essas habilidades profissionalmente, ou seja, não são autores ou autoras de livros e assemelhados. No entanto, um indivíduo que não sabe ler ou escrever enfrentará muitas dificuldades para atuar social e profissionalmente na comunidade.

As demandas sociais de cada época pautam os conhecimentos que serão importantes para uma atuação plena dos indivíduos. Nesse sentido, o mundo atual apresenta demandas muito particulares, nunca vivenciadas em outros tempos. Essas novas demandas são o resultado da evolução tecnológica em diferentes frentes. Por vezes, com as atribulações do cotidiano, não nos damos conta das mudanças que ocorrem em nossas vidas. Observamos, com naturalidade, as interações sociais que realizamos no nosso dia a dia e que são baseadas em tecnologia. Utilizamos, por exemplo, nossos *smartphones* para nos comunicarmos, para solicitarmos transporte, para conhecermos outras pessoas com interesses comuns aos nossos, enfim, são muitas as interações feitas a partir do uso da tecnologia.

Além das interações sociais, diversos outros contextos podem ser referenciados da mesma maneira, ou seja, são contextos que consideram fortemente a automatização por meio da tecnologia. As organizações contemporâneas são exemplos do uso da tecnologia a partir da automatização de seus processos de negócios. Os sistemas integrados, utilizados nestas organizações, são responsáveis pela gestão de, por exemplo, toda a cadeia produtiva das indústrias. Nesse sentido, estes sistemas podem controlar desde os insumos e materiais utilizados, passando pelos processos de transformação e culminando na gestão do relacionamento com o cliente.

Nesse contexto, há um elemento que integra todos os exemplos, anteriormente descritos, e se apresenta como fundamental para essas transformações, trata-se da utilização do computador. Um computador pode ser qualquer aparato (ferramenta) que seja utilizado para a realização de cômputos, como, por exemplo, um ábaco. No entanto, no inconsciente coletivo, associamos a palavra computador ao dispositivo eletrônico composto por processador, memória, teclado e monitor. Assim, quando utilizarmos a palavra computador estaremos nos referindo a dispositivos que podem ser instruídos para a realização de alguma tarefa.

Os computadores possuem "habilidades" muito especiais, principalmente no que se refere a velocidade com a qual ele realiza o processamento de dados e, também, com a capacidade de armazenar e recuperar grandes volumes de dados. Essas características principais conferem aos computadores uma enormidade de aplicações que impactam em nosso mundo analógico, de maneira importante, em diferentes aspectos. Grande parte das mudanças, observadas no mundo contemporâneo, são positivas, visto que podem resultar em redução de custos nos processos produtivos e/ou na ampliação e facilitação do acesso a serviços de forma mais abrangente.

Por outro lado, o mundo digital pode ser bastante exclusivo. Muitas pessoas não são capazes de interagir com a realidade que se apresenta. Essa incapacidade de compreensão de uma nova realidade digital está ligada, também, à velocidade com a qual as mudanças ocorrem, tornando o processo de adequação dos indivíduos ainda mais desafiador.

A atual realidade tecnológica apresenta diversos desafios, principalmente no que se refere à inclusão das pessoas em um mundo digitalizado. Assim, as demandas contemporâneas deveriam pautar aquilo que se aprende nas escolas, ou seja, os indivíduos deveriam ser preparados para lidar com essas novas demandas digitais. Essa preparação dos indivíduos passa por uma mudança de paradigma de pensamento, o qual é reconhecido como Pensamento Computacional.

3.2. Pensamento Computacional

Diante dos desafios contemporâneos, relacionados com a disseminação do uso do computador, muitas instituições de ensino têm investido no fornecimento e disponibilização de aparatos tecnológicos que possam subsidiar o aprendizado de seus alunos. Porém, é importante destacar que a capacidade de utilização destes dispositivos não é sinônimo de Pensamento Computacional.

O acesso a computadores, tablets e outros assemelhados, é importante para subsidiar o processo de ensino e aprendizagem. Porém, escolas bem equipadas, do ponto de vista tecnológico, não são suficientes para garantir o aprendizado dos alunos. Nesse sentido, alunos que possuem familiaridade com o uso da tecnologia podem não compreender a forma como ela funciona. Utilizando-se de uma analogia, seria como se os alunos conseguissem ler, mas não pudessem escrever, tornando-os, assim, agentes consumidores ao invés de criadores.

É um erro considerar que apenas aqueles que tenham alguma expectativa profissional, com relação à computação, devam ter acesso a este tipo de conhecimento. Todos nós estudamos matemática durante muitos anos em nossas vidas acadêmicas, porém, poucos utilizarão este conhecimento profissionalmente. No entanto, não há como negar que o conhecimento sobre a matemática é impactante no dia a dia das pessoas. Nesse mesmo contexto, muitos especialistas consideram que o ensino voltado para o desenvolvimento do Pensamento Computacional, já nos primeiros anos de escolarização, é uma condição básica para a evolução da sociedade em um mundo digital e complexo como o nosso.

O Pensamento Computacional é definido como um conjunto de processos de pensamento envolvidos na formulação e na resolução de problemas, de modo que sejam representados em um formato que possibilite sua resolução a partir de um agente de processamento de informação (Wing, 2010).

Ainda sobre o conceito de Pensamento Computacional, a *International Society for Technology in Education* (ISTE) e a *Computer Science Teachers Association* (CSTA) definiram, em 2011, uma lista de características pertinentes à área. Dentre essas características pode-se destacar (i) a formulação de problemas solucionáveis computacionalmente, (ii) a organização e a análise lógica de dados, (iii) a utilização de abstrações para a representação de dados, (iv) as proposições de soluções automatizadas por meio de algoritmos, (v) a obtenção de métodos (etapas e recursos) a partir do estudo de possíveis soluções para problemas e (vi) a generalização dos processos de solução para diferentes classes de problemas.

A importância do desenvolvimento do Pensamento Computacional pode ser evidenciada por meio de diferentes iniciativas observáveis, principalmente, em países desenvolvidos. No Reino Unido, por exemplo, o ensino de computação integra a educação básica desde 2014. Nos EUA, o programa "*Computer Science for all*" tem por objetivo a capacitação de todos os alunos norte-americanos nos conhecimentos da Ciência da Computação, de modo que eles possam passar de meros consumidores para potenciais criadores na economia digital. Estima-se que, em 2015, mais de 600 mil empregos, enquadrados como de alta tecnologia, não foram preenchidos nos EUA.

Outra evidência da importância da computação é o seu impacto nas ciências. Em meados dos anos 1970, o vencedor do Prêmio Nobel de Física, Laureate Ken Wilson, em parceria com outros nomes importantes da ciência, defendeu que a computação seria o terceiro pilar para a evolução da ciência, juntamente com a teoria e a experimentação, que são os pilares tradicionais. Muitos descrevem esse reconhecimento como o início da disseminação do Pensamento Computacional.

Podemos considerar, de forma simplista, que o objetivo do Pensamento Computacional é prover um método que seja aplicável para a resolução de problemas computáveis. Nesse contexto, existem estratégias de abordagem aos problemas que facilitam sua resolução e constituem as dimensões fundamentais do Pensamento Computacional.

A primeira dimensão, que compõe o Pensamento Computacional, é denominada "decomposição". Essa dimensão é definida como o processo de dividir um problema em partes menores, de modo que essas partes sejam mais facilmente solucionáveis e que a combinação dessas soluções resulte na solução do problema original. Existem diferentes exemplos de aplicação da estratégia de decomposição que abrangem desde tratados militares até aplicações no âmbito dos negócios. Na computação, considera-se que um problema complexo é composto por vários outros problemas menores e mais simples. Nesse sentido, a combinação da solução dos problemas menores gerará a solução para o problema original.

Decompor um problema complexo, em partes mais simples, possibilita que haja um foco mais específico em cada parte do problema. Por consequência, a obtenção da solução para essas partes torna-se uma tarefa mais fácil de ser realizada. Programadores de computadores utilizam essa estratégia a todo momento. Os problemas decompostos são solucionados por meio de funções, procedimentos, métodos ou objetos desenvolvidos com foco em um objetivo particular.

Outra dimensão do Pensamento Computacional é o "reconhecimento de padrões". Considerando que um problema pode ser divido em partes menores e mais simples, encontrar características similares entre essas partes pode tornar sua resolução mais eficiente. Nesse sentido, a solução de um determinado problema pode ser utilizada para resolver outros problemas que apresentem um padrão similar. Assim, pode-se generalizar uma solução para problemas que apresentem um mesmo padrão.

O ser humano utiliza padrões, que foram aprendidos no decorrer da vida, para classificar diferentes objetos. É bastante intuitivo para qualquer criança reconhecer uma imagem de, por exemplo, uma ave. A criança pode não saber, conscientemente, quais são as características da imagem de uma ave que possibilita a ela identificar o animal. No entanto, com algum esforço, é possível verificar que aves possuem características comuns. Todas têm bico, asas, penas e olhos, além de uma infinidade de outras características que podem ser enumeradas. A identificação dessas características comuns permite classificar um animal, que apresente essas características como uma ave.

Na matemática utiliza-se o reconhecimento de padrões para determinar, por exemplo, a regra de formação de séries numéricas. Um exemplo clássico é a série de Fibonacci, na qual o primeiro e o segundo elementos são '0' e '1', respectivamente. A partir daí, os demais elementos são obtidos pela soma dos dois elementos anteriores. Esse padrão de formação é observado em diversos fenômenos naturais como, por exemplo, no número de galhos de uma árvore em diferentes alturas.

Retomando o exemplo das aves, note que existem muitas características que podem ser consideradas para representá-las. No entanto, grande parte destas características não é útil em todos os contextos. Assim, quando o objetivo é representar algum elemento, com base em suas características, considera-se somente aquilo que é essencial para o contexto do problema, ignorando detalhes que não contribuem para a solução. Essa descrição corresponde à "abstração" que é a terceira dimensão do Pensamento Computacional.

A abstração, no contexto da computação, está ligada a seleção de atributos que são essenciais para a representação do problema, não considerando características que não contribuem para a sua solução. Assim, a representação do problema contribui para sua compreensão e, consequentemente, torna a solução mais fácil de ser obtida.

Existem diferentes exemplos cotidianos de abstração. Considere um mapa que descreve as linhas de metrô de uma cidade. Note que as informações importantes, para os usuários do metrô, estão presentes no mapa, como a identificação das linhas e das estações, bem como os pontos de interligação entre as linhas. Porém, características como escala, localização geográfica, altitude, dentre outras, não são explicitadas no mapa do metrô por não contribuírem para a informação ao usuário, sendo irrelevantes nesse contexto.

Na computação utiliza-se muito o conceito de abstração para representar elementos reais. Por exemplo, suponha que se queira representar cidades que são interligadas por estradas. As estradas podem ter comprimentos e sentidos diferentes. Suponha, ainda, que se queira identificar o menor caminho entre duas cidades específicas. Para resolver esse problema poderíamos considerar uma representação conhecida como grafo, na qual as cidades e as estradas são representadas por vértices e por arestas, respectivamente. Assim, a partir da abstração, é possível desenvolver soluções para esse problema e, além disso, a solução desenvolvida pode ser considerada para outros problemas que possam ser modelados, ou abstraídos, da mesma forma.

Muitos autores descrevem o "algoritmo" como a principal dimensão do Pensamento Computacional. Um algoritmo pode ser definido, de maneira informal, como uma sequência de instruções, bem específicas, que, quando executadas em ordem, produzem o resultado esperado. De outro modo, um algoritmo é a formalização documental de uma estratégia para a solução de um determinado problema computacional. Além disso, um algoritmo agrega as demais dimensões do Pensamento Computacional.

Pode-se considerar diferentes formas de representação de um algoritmo, sendo que as mais utilizadas são as representações em pseudocódigo e na forma de diagramas. Comumente, o algoritmo é a base para o desenvolvimento de um programa de computador. Por sua vez, de forma superficial, um programa de computador é escrito considerando uma sintaxe específica que é reconhecida por um computador.

Considerando o exemplo anterior, a respeito da identificação do menor caminho entre duas cidades, no qual considerou-se a abstração do problema por meio de um grafo, a solução para esse problema é documentada na forma de um algoritmo. Assim, qualquer pessoa pode seguir as instruções descritas pelo algoritmo e chegar à solução para o problema. Nesse contexto, o algoritmo obtido considerou, em sua formulação, as dimensões da decomposição, da abstração e do reconhecimento de padrões, podendo ser utilizado em outros problemas que apresentem as mesmas características.

As dimensões do Pensamento Computacional agregam outros tópicos que são pertinentes à área da computação. Promover o ensino desses tópicos aos estudantes, de diferentes níveis, é um grande desafio que, certamente, terá impacto na sociedade como um todo. Esse desafio passa pela necessidade de uma infraestrutura tecnológica que, por vezes, não é acessível à grande maioria dos estudantes. Nesse contexto, muitos especialistas na área demonstram que o aprendizado de tópicos em computação não é diretamente dependente do acesso a computadores. Trata-se de uma abordagem desplugada, que considera a aprendizagem cinestésica como meio de introduzir os conceitos da computação a alunos em diferentes níveis.

A abordagem desplugada promove o trabalho colaborativo entre os estudantes, com a utilização de materiais tangíveis que permitem uma compreensão de tópicos em computação de forma lúdica. Nessa abordagem, são considerados jogos e enigmas que, associados com a manipulação de materiais, apresentam aos alunos problemas computacionais, representados em uma linguagem acessível, de modo que a criatividade seja utilizada para a busca de soluções.

Uma obra importante, que pode ser considerada como um ponto de partida para a abordagem desplugada, foi apresentada de forma preliminar em 1997 por Bell *et al.* intitulada *Computer Science Unplugged: Off-line activities and games for all ages* (Ciência da Computação Desconectada: Atividades e jogos off-line para todas as idades). Nesta obra, os autores apresentam uma série de atividades e jogos que incitam o aprendizado de tópicos em ciência da computação, sem a utilização de computadores. O objetivo do livro é proporcionar ferramentas para que os professores, em todos os níveis, possam despertar o interesse de seus alunos para a área da ciência da computação, de maneira lúdica e sem a necessidade de grandes investimentos em infraestrutura.

A iniciação de estudantes, em tópicos em ciência da computação, considera outras abordagens que podem fazer uso do computador, ou seja, são abordagens plugadas. Nesse contexto, a utilização de alguma linguagem de programação visual, baseada em blocos, facilita o aprendizado sem que haja a necessidade prévia de conhecimentos sobre linguagens de programação tradicionais. Uma linguagem de programação visual muito utilizada para a introdução de tópicos em ciência da computação é denominada Scratch.

3.3. Scratch

A linguagem de programação Scratch foi desenvolvida, em 2007, pelo MIT (*Massachusetts Institute of Technology*) e é baseada na utilização de blocos que podem ser manipulados de modo a prover diferentes funcionalidades e integrar elementos como imagens e sons externos aos projetos visuais desenvolvidos na plataforma. Além disso, há a possibilidade de interação entre os usuários para o compartilhamento de ideais e de projetos, contribuindo para o desenvolvimento coletivo.

Conforme descrito em https://scratch.mit.edu/about, o Scratch permite ao usuário programar histórias, jogos e animações interativas por meio de uma linguagem visual de fácil assimilação que utiliza blocos encaixáveis que representam comandos individuais. O objetivo do projeto é proporcionar aos jovens um aprendizado criativo, baseado no raciocínio sistêmico e no trabalho colaborativo. O público alvo do Scratch foi originalmente definido por jovens entre 8 e 16 anos, no entanto pessoas de diferentes idades utilizam a plataforma com o objetivo de desenvolver suas habilidades em programação.

Além da possibilidade de se instalar o aplicativo do Scratch, baixando uma versão compatível com o sistema operacional do computador, há a opção da utilização do editor de projetos do Scratch diretamente no navegador. O acesso, neste caso, pode ser feito por meio do seguinte endereço: https://scratch.mit.edu/projects/editor/. Veja na Figura 1 a visão geral do editor Web.

Existem três abas distintas que compõem o ambiente de desenvolvimento, na Figura 1, o marcador A sinaliza a localização das abas "Código", "Fantasias" e "Sons". A aba "Código" apresenta um menu com as opções de blocos agrupados por categorias. São nove categorias que reúnem blocos para a especificação de (i) movimento, (ii) aparência, (iii) som, (iv) eventos, (v) controle, (vi) sensores, (vii) operadores, (viii) variáveis e (ix) meus blocos, veja o marcador B na Figura 1.

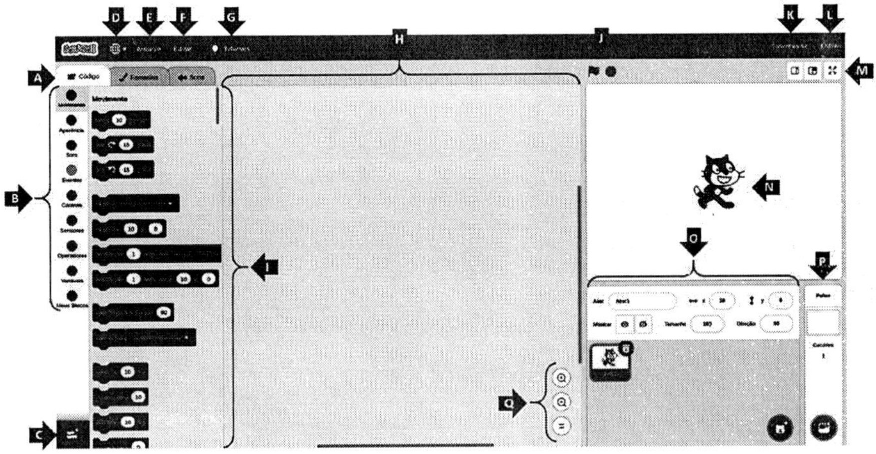

Figura 1: Visão geral do Scratch. Fonte: https://scratch.mit.edu/projects/editor/

A categoria "Movimento" agrega blocos, identificados pelo marcador I na Figura 1, que são responsáveis pela movimentação do ator, que é identificado pelo marcador N, na Figura 1, o qual, em sua forma padrão, é apresentado na figura de um gato. Os blocos desta categoria podem se utilizar para movimentar o ator em função de um número de passos ou por meio da identificação de coordenadas específicas. Além disso, há blocos que são responsáveis por girar, deslizar e apontar o ator de acordo com a necessidade do usuário.

Os blocos da categoria "Aparência" propiciam funcionalidades referentes a fala ou pensamento do ator, por meio de balões de diálogo similares aos de histórias em quadrinhos. Adicionalmente, pode-se alternar a fantasia, o cenário, o tamanho e os efeitos do ator.

Para o gerenciamento de efeitos sonoros, a categoria "Som" disponibiliza blocos de comandos que podem ser utilizados para a reprodução, parcial ou total, de arquivos de áudio. Essa categoria permite, também, a utilização de efeitos sonoros e o controle de volume durante a execução das aplicações desenvolvidas.

Um evento no Scratch pode ser alguma ação realizada pelo usuário como, por exemplo, o acionamento de um botão no teclado ou a seleção de um ícone na tela com o mouse. A categoria "Eventos" reúne blocos que são responsáveis pela realização de um conjunto específico de instruções a partir da ocorrência de algum evento. Além da associação aos botões do teclado e a algum ícone na tela, podemos ter eventos referentes aos atores, aos cenários e às mensagens.

As estruturas de repetição e de decisão são presentes na maioria das linguagens de programação e são importantes para definição do fluxo de execução das instruções que compõem o programa de computador. As estruturas de repetição são utilizadas para concentrar um conjunto de instruções que serão repetidas por um determinado número de vezes. Por outro lado, as estruturas de decisão são responsáveis por decidir qual instrução, ou conjunto de instruções, será executada a partir da observação de algum critério. Esse critério pode ser expresso na forma de uma variável lógica ou na forma de expressões lógicas ou relacionais. No Scratch, as estruturas de repetição e de decisão são disponibilizadas na categoria "Controle", a qual reúne blocos específicos para cada tipo de estrutura de repetição ou de decisão.

Na categoria "Sensores" estão reunidos os blocos que descrevem condicionais referentes, por exemplo, a cores. Nesse caso, os condicionais podem verificar se o ator está tocando em uma determinada cor e, a partir daí, determinar a execução de instruções que respondam a essa observação. Além do uso de cores, os blocos dessa categoria podem verificar eventos associados ao teclado ou ao mouse. Outra possibilidade, referente a essa categoria, é a captura de dados via teclado e o armazenamento dessas entradas em variáveis. Há, ainda, blocos temporizadores e de seleção de elementos como cenários e variáveis.

A maioria das linguagens de programação utiliza um conjunto de operadores aritméticos, relacionais e lógicos que possibilitam a construções de operações que envolvem variáveis ou constantes. A categoria identificada como "Operadores" disponibiliza blocos correspondentes a esses operadores. As expressões são construídas a partir da combinação de diferentes operadores e operandos. Além disso, a concatenação de cadeias de caracteres é outra operação disponível nessa categoria. Adicionalmente, existem blocos que são utilizados para a seleção de posições específicas em cadeias de caracteres e para o sorteio de um número aleatório em um intervalo predeterminado.

A categoria "Variáveis" permite que sejam criadas variáveis primitivas ou arranjos de valores. As variáveis são identificadores para posições de memória que são utilizadas para o armazenamento de dados que serão processados. Nessa categoria é possível realizar a atribuição de valores às variáveis, bem como o incremento de variáveis que são utilizadas como contadores ou acumuladores. Há, também, a possibilidade de exibir e ocultar as variáveis criadas.

Além dos blocos com funcionalidades especificadas, conforme descrito anteriormente, há a possibilidade de se criar blocos com novas funcionalidades. Para a criação de novos blocos utiliza-se a categoria identificada como "Meus Blocos". Nessa categoria o usuário poderá criar seus próprios blocos com funções que atendam suas demandas particulares.

O ambiente de desenvolvimento do Scratch, apresentado na Figura 1, é composto por uma área de montagem (marcador H), para a qual os blocos podem ser arrastados e combinados de acordo com o objetivo pretendido. Nesta área existem três controles que são utilizados para aumentar, diminuir e centralizar os blocos (marcador Q).

Toda programação realizada, refletirá no quadrante superior direito, que apresenta por padrão o ator na forma de um gato (marcador N). Os ícones, identificados pelo marcador J, nas formas de uma bandeira verde e um círculo vermelho, podem ser utilizados para iniciar e interromper a execução do programa, desde corretamente associados aos blocos.

A programação visual, por meio dos blocos, pode se referir ao ator ou ao cenário. A área identificada pelo marcador O, na Figura 1, apresenta os atores que estão sendo utilizados. Nessa área é possível parametrizar diferentes características do ator, como (i) nome, (ii) posicionamento no cenário, (iii) visibilidade, (iv) tamanho e (v) direção. Além disso, é possível selecionar vários atores da galeria do Scratch. É importante notar que os blocos de programação se referem, especificamente, a um elemento, que pode ser um ator ou um cenário. No canto superior direito na área de montagem dos blocos será exibida uma imagem do ator ou do cenário que está sendo programado.

Cada ator ou cenário pode ser composto por diferentes "fantasias". Uma fantasia corresponde a uma variação do elemento, por exemplo, pode-se ter o gato parado ou simulando uma caminhada. Para criar fantasias utilize a aba "Fantasias" (marcador A).

Outras funcionalidades importantes do Scratch são: alterar o idioma da interface (marcador D), criar, armazenar e recuperar arquivos de projetos (marcador E), restaurar os elementos de interação (marcador F), acessar tutoriais disponíveis sobre diversos tipos de projetos (marcador G), inscrever-se na comunidade Scratch (marcador K) e acessar sua conta pessoal (marcador L). Além disso, há os botões para alteração do layout da interface (marcador M).

A utilização dos blocos funcionais é simples e intuitiva. Dependendo do objetivo pretendido, os blocos de diferentes categorias podem ser combinados para que o ator (ou o cenário) realize as instruções fornecidas. A Figura 2 apresenta um exemplo simples de utilização dos blocos da categoria "Movimento" para mover o ator no espaço denominado como palco, localizado no canto superior direito da interface de código (veja a Figura 1).

O palco tem seu tamanho definido em passos. O eixo horizontal do palco (eixo X) possui 480 passos de ponta a ponta, sendo que as extremidades esquerda e direita correspondem às coordenadas -240 e 240, respectivamente. O eixo vertical (eixo Y) tem 390 passos sendo que as extremidades inferior e superior correspondem às coordenadas -180 e 180, respectivamente. Naturalmente, o ponto central do palco é o ponto X = 0 e Y = 0.

Considerando o exemplo da Figura 2, o ator está inicialmente posicionado no ponto (0,0). A partir da utilização do bloco "Vá para X:__ Y:__" é possível movimentar o ator para qualquer ponto no palco. Nesse caso, o ator foi movido para o ponto (100,0), ou seja, 100 passos à direita no eixo X. Com a combinação de blocos podemos, além de mover o ator, fazer com que ele gire em seu próprio eixo.

O bloco "Gire __ graus" permite que seja indicado o número de graus e o sentido do giro. Note que, no exemplo da Figura 2, combinamos os blocos de movimentação e de giro na ordem em que as instruções serão executadas, ou seja, primeiro o ator será movido e depois girado. Assim, o ator foi movido para o ponto (200,0) e, após a movimentação, foi girado, no sentido horário, em 90 graus.

Além da movimentação do ator para pontos específicos no espaço do palco, é possível movimentá-lo no sentido em que ele está direcionado. Para isso, o bloco "Mova __ passos" considera a posição e a direção atuais do ator e, a partir daí, realiza a movimentação do número de passos indicado. Considerando, novamente, o exemplo da Figura 2, o ator está posicionado no ponto (200,0), voltado para o sul. A combinação dos blocos, apresentada no exemplo, fará com que o ator siga 150 passos na direção sul e, em seguida, gire 90 graus no sentido horário.

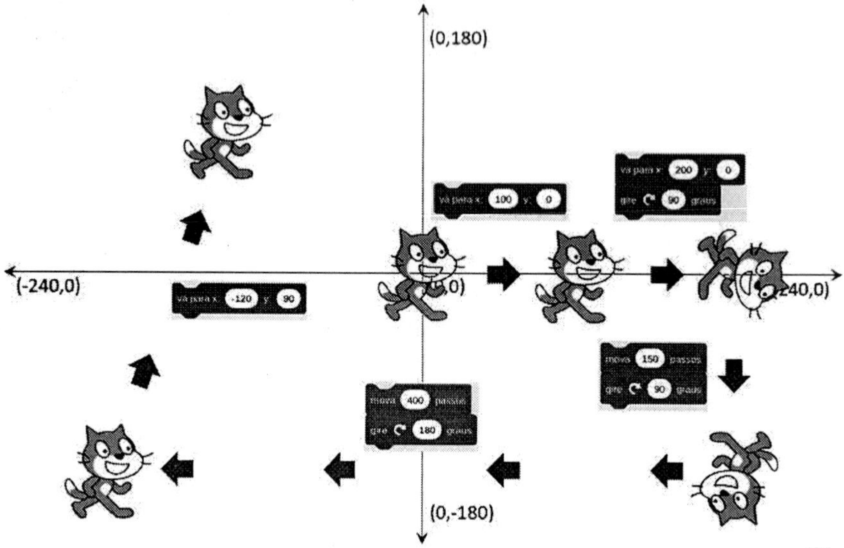

Figura 2: Exemplo de utilização dos blocos para a movimentação do ator.

Fonte: Elaborado pelo autor.

Para completar o exemplo da Figura 2, o ator foi movido 400 passos na direção oeste, para a qual ele estava direcionado. Em seguida, o ator girou 180 graus, no sentido horário, e finalizou sua movimentação no centro do quadrante superior esquerdo. Note que esse exemplo não esgota a apresentação das funcionalidades dos blocos, visto que há outros blocos de movimentação que podem ser utilizados.

Além das funcionalidades de movimentação, a combinação de outras categorias de blocos pode ampliar as possibilidades de aplicações com o Scratch. Por exemplo, considere utilizar os blocos para encontrar as raízes de uma equação do segundo grau. Considere, ainda, a utilização do método de Bhaskara para o cálculo das raízes da equação, ou seja, identificar valores que a variável pode assumir de modo que toda a expressão resulte em zero. Uma equação do segundo grau tem a seguinte forma geral

$$ax^2 + bx + c = 0$$

Nesse contexto, o método de Bhaskara, para encontrar as raízes da equação, é definido como segue

$$x = \frac{-b \pm \sqrt{b^2 - 4ac}}{2a}$$

O método de Bhaskara pode resultar em três situações, dependendo do valor de $\Delta = b^2 - 4ac$. Se $\Delta = 0$ existe somente uma raiz real ($x \in \mathbb{R}$), se $\Delta > 0$ existem duas raízes reais e caso $\Delta < 0$ não existem raízes reais ($x \notin \mathbb{R}$).

Para a construção da solução, o problema será decomposto em duas partes, a primeira parte é o cálculo do valor de Δ e, dependendo do resultado, a segunda parte da solução resultará em um, dois ou nenhum valor para x.

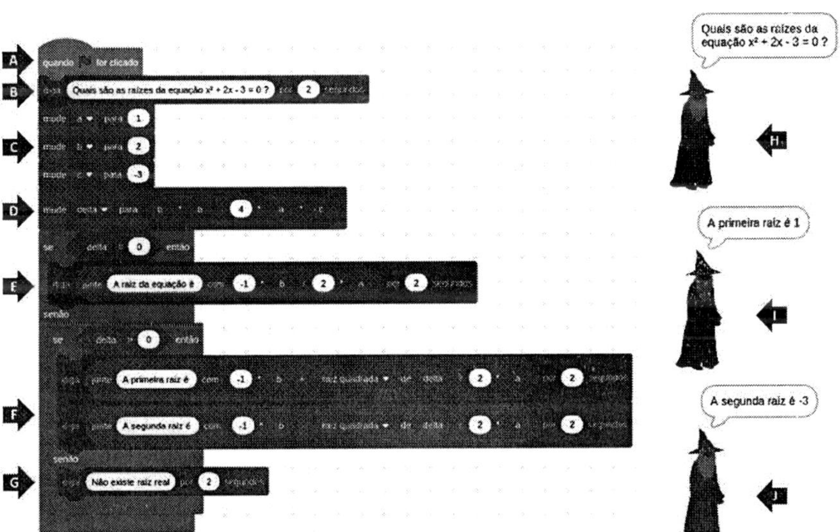

Figura 3: Exemplo de cálculo das raízes de uma equação do segundo grau, por meio do método de Bhaskara. Fonte: Elaborado pelo autor.

A Figura 3 apresenta um exemplo de solução para o problema da equação do segundo grau. Para simplificar a construção da solução, note que se considerou uma equação específica ($x^2 + 2x - 3 = 0$), para a qual se quer obter as raízes. O ideal seria que o usuário tivesse a possibilidade de definir a equação, a partir de introdução dos valores de a, b e c, o que aumentaria o número de blocos na solução, mas não alteraria o processo de cálculo das raízes. Assim, convidamos o leitor a modificar o exemplo de modo que o usuário possa definir a equação que será considerada.

O marcador A, na Figura 3, indica a utilização de um bloco que associa o evento de clicar na bandeira verde ao início da execução das instruções. A utilização do Scratch implica em uma abordagem visual e é importante que a solução construída promova, também, uma interação visual com o usuário. Assim, a primeira instrução, identificada pelo marcador B, faz com que o ator se comunique com o usuário, nesse caso, questionando sobre as raízes da equação. O resultado dessa interação é indicado pelo marcador H.

Variáveis são identificadores para espaços de memória que são utilizados para o armazenamento dos dados que são pertinentes ao processamento. Neste exemplo, foram criadas as variáveis a, b, c e delta, que armazenam os coeficientes da equação, bem como o resultado do cálculo de Δ. A atribuição dos valores dos coeficientes às variáveis é feita por meios dos blocos indicados pelo marcador C e o cálculo de Δ, com a respectiva atribuição, é indicado pelo marcador D. Note que a expressão que descreve o Δ deve ser reescrita de acordo com a notação disponível no Scratch, assim, a expressão $b^2 - 4ac$ é representada por (b★b)-(4★a★c), utilizando os respectivos blocos da categoria "Operadores".

A partir do valor de Δ, os blocos que representam estruturas de decisão verificam qual é o caso que será considerado. O marcador E identifica o bloco responsável por verificar se $\Delta = 0$ e, caso o resultado da verificação seja verdadeiro, o valor da única raiz da equação será obtido por $-b/2a$ ou, na notação utilizada no Scratch, (-1★b)/(2★a), veja o marcador E na Figura 3. Caso o valor de Δ seja diferente de zero, uma segunda estrutura de decisão (marcador F) verifica se $\Delta > 0$ e, caso verdadeiro, as duas raízes da equação serão obtidas por $x_1 = -b + \sqrt{\Delta}$ e $x_2 = -b - \sqrt{\Delta}$. Esse caso é correspondente ao exemplo da Figura 3 e, assim, os valores das raízes são apresentados ao usuário, como indicam os marcadores I e J na figura. O último caso se refere a $\Delta < 0$, que indica não existir raiz real para a equação, o que é informado ao usuário por meio do bloco indicado pelo marcador E.

O Scratch é especialmente útil para o desenvolvimento de jogos, onde é possível agregar diferentes atores e cenários que interagem de acordo com instruções do usuário. Um exemplo, muito utilizado por iniciantes no Scratch, é a construção de labirintos que servem de ambiente de navegação para os atores. Comumente, estes labirintos são cenários que contêm algum tipo de obstáculo e o ator deve percorrer o labirinto em busca, por exemplo, de uma saída.

A Figura 4 apresenta um exemplo simples de labirinto, com blocos que são responsáveis pela movimentação do ator por meio das setas no teclado do computador. O ator pode se mover em quatro direções, para cima, para baixo, para a direita e para a esquerda, de acordo com a tecla selecionada. Cada tecla é um evento que é capturado e associado a um conjunto de instruções.

Por exemplo, quando a tecla seta para cima é acionada o ator é deslocado 20 passos na direção norte, ou seja, a coordenada Y do ponto atual do ator é incrementada em 20 unidades. Note que o labirinto da Figura 4 contém limites e obstáculos representados pela cor roxa. Essa composição permite que se verifique, por meio de uma estrutura de decisão, se o ator está tocando naquela cor específica. Desse modo, conforme é apresentado nos blocos na Figura 4, quando o ator se movimenta para uma região do palco cuja cor é roxa, é realizado outro movimento no sentido oposto, dando a impressão ao usuário da impossibilidade de o ator avançar naquela direção.

O exemplo, da Figura 4, possibilita a movimentação do ator nas quatro direções do palco, para cima, para baixo, para a direita e para a esquerda, conforme a tecla que é acionada. Além disso, um clique no ícone na forma de uma bandeira verde, posiciona o ator no centro do palco, como se o jogo fosse reiniciado. Essa base de movimentação pode ser complementada com diversos outros elementos de interesse, tanto no cenário quanto na utilização de outros atores, de acordo com o objetivo do jogo.

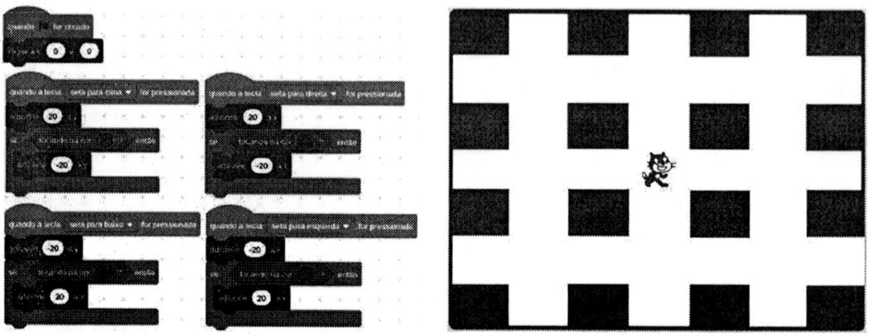

Figura 4: Exemplo de controle de um ator em um cenário de labirinto. Fonte: Elaborado pelo autor.

Um padrão, no contexto da computação, pode ser definido como a repetição sistemática de alguma característica semelhante, comumente, referente a dados. Nesse contexto, o reconhecimento de padrões é a capacidade de notar a presença dessas características.

O reconhecimento de padrões pode ser fundamental para a resolução de problemas computacionais e, consequentemente, para o projeto de algoritmos. Conforme descrito anteriormente, a série de Fibonacci é uma sequência de números inteiros cujo padrão de formação pode ser observado em vários fenômenos naturais. Os dois primeiros números desta série são o '0' e o '1', respectivamente, os demais números da série são obtidos a partir da soma dos dois anteriores. Nesse contexto, o terceiro número da série de Fibonacci é o '1', pois .

Formalmente, a série de Fibonacci pode ser definida da seguinte forma:

$$\begin{cases} \text{para } n = 1 \Rightarrow F(n) = 0 \\ \text{para } n = 2 \Rightarrow F(n) = 1 \\ \text{para } n > 1 \Rightarrow F(n) = F(n-1) + F(n-2) \end{cases}$$

onde é o valor da n-ésima posição da série.

Considere o exemplo da Figura 5, no qual se busca identificar o valor da n-ésima posição da série de Fibonacci, introduzindo, adicionalmente, blocos do Scratch que são responsáveis por entrada de dados, via teclado, e por estruturas de repetição. Note que os exemplos apresentados são simples, do ponto de vista lógico, e são considerados para introduzir as principais funcionalidades do Scratch.

Na categoria "Sensores" há um bloco, em particular, que é responsável pela entrada de dados na aplicação. Trata-se de uma importante funcionalidade que promove a interação com o usuário. Na Figura 5, o marcador A identifica este bloco que apresenta uma mensagem de orientação ao usuário e aguarda uma resposta. O marcador I apresenta o resultado da utilização do bloco de entrada de dados. Veja que um campo é disponibilizado, na parte inferior do palco, para que o usuário possa digitar sua resposta, este campo é identificado na Figura 5 com o marcador J.

Após a digitação da resposta, quando o usuário teclar <Enter>, o conteúdo do campo é armazenado em uma variável especial identificada como "resposta". Essa variável é apresentada na figura em várias instruções, como naquela identificada pelo marcador C. Para este exemplo, o usuário irá digitar a posição da série de Fibonacci que ele quer saber o valor.

Como as duas posições iniciais da série de Fibonacci são fixas, foram criadas duas variáveis, "anterior" e "valor", para armazenar o primeiro e o segundo valor da série, respectivamente (veja o marcador B na Figura 5). Além disso, um "contador" é inicializado, com o valor dois, para ser utilizado como controle na estrutura de repetição.

O marcador C aponta para uma estrutura de decisão que verifica se a posição, desejada pelo usuário, é a primeira. Veja que é considerada a variável "valor" para responder ao usuário e, caso o interesse seja na primeira posição da série, é necessário atribuir o conteúdo da variável "anterior" para a variável "valor", esta última será apresentada no bloco identificado pelo marcador L, na Figura 5. Por outro lado, se o interesse do usuário é conhecer o valor da segunda posição da série, não é necessário nenhuma ação, bastando apresentar o conteúdo da variável "valor" como resposta.

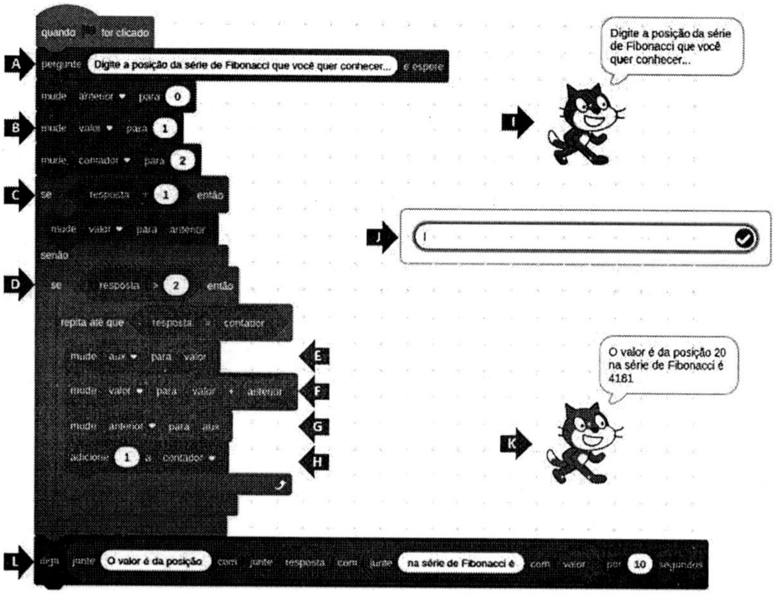

Figura 5: Exemplo de cálculo de uma posição específica da série de Fibonacci.

Fonte: Elaborado pelo autor.

Para as posições posteriores, da terceira em diante, o cálculo do valor deve ser feito considerando a soma das duas posições anteriores. Desse modo, é necessário calcular todas as posições até que se chegue naquela que é demandada pelo usuário. Esse processo é identificado, na Figura 5, pelo marcador D. O bloco considerado para esse caso repetirá as instruções que estão contidas nele até que uma determinada condição seja atendida. No exemplo, as instruções identificadas pelos marcadores E, F, G e H serão executadas enquanto os conteúdos das variáveis "resposta" e "contador" forem diferentes.

A dinâmica do processo de cálculo cria uma cópia do conteúdo da variável "valor" em outra variável identificada como "aux" (marcador E). Essa cópia é necessária pois a variável "valor" será atualizada com a soma do seu próprio conteúdo com o conteúdo da variável "anterior", de modo que se obtenha o valor da próxima posição (marcador F). Após o cálculo, o valor reservado na variável "aux" é atribuído à variável "anterior" (marcador G) e a variável "contador" é incrementada em uma unidade (marcador H). O processo será finalizado quando os conteúdos das variáveis "resposta" e "contador" forem iguais.

O bloco, identificado pelo marcador L, possibilita a apresentação do resultado ao usuário. Nesse caso, utilizou-se o bloco "junte" que concatena cadeias de caracteres e conteúdos de variáveis. Assim é possível construir e apresentar, por um tempo predeterminado, uma mensagem completa para o usuário, conforme descrito pelo marcador K, na Figura 5.

Os exemplos de utilização do Scratch, anteriormente descritos, têm por objetivo apresentar, de maneira preliminar, sua potencialidade e abrangência de aplicações, não esgotando, de forma alguma, o assunto. O Scratch disponibiliza um conjunto de ferramentas cujo potencial de aplicação se iguala às linguagens de programação tradicionais, com o benefício adicional da intuitividade e da simplicidade.

O mundo contemporâneo é fortemente impactado pelo uso de computadores, o que o torna complexo e repleto de possibilidades. Para lidar com essa complexidade é necessário que toda a sociedade esteja, minimamente, incluída no contexto digital, de modo que todos tenham acesso aos benefícios resultantes e possam contribuir ativamente para o desenvolvimento de soluções para os novos problemas.

A popularização do Pensamento Computacional é descrita, por diferentes especialistas, como um caminho fundamental para a inclusão das pessoas, de qualquer geração, em um mundo tecnológico em constante transformação. O ensino de conceitos da ciência da computação, principalmente nos primeiros anos de formação da criança, trazem muitos benefícios para a sociedade. Dentre os principais benefícios, pode-se destacar: (i) atender a demanda crescente por profissionais na área de desenvolvimento de aplicações, (ii) estimular o trabalho coletivo e colaborativo e (iii) prover habilidades e competências importantes para a vida moderna, independente da área de atuação do indivíduo.

Um importante desafio para o ensino do Pensamento Computacional é o desenvolvimento de materias e abordagens que possam subsidiar professores e compor o currículo escolar. Desse modo, considerar a utilização da computação desplugada é uma estratégia viável por ser efetiva e de baixo custo. Além disso, a utilização de estratégias plugadas, como o Scratch, complementam a formação dos alunos de maneira lúdica, simples e desafiadora, introduzindo as dimensões do Pensamento Computacional de forma natural e atraente.

Referências

BELL, T.; WITTEN, I. H.; FELLOWS, M. **Computer Science Unplugged: Off-line activities and games for all ages**. Computer Science Unplugged, 1998.

BRACKMANN, C. P. **Desenvolvimento do pensamento computacional através de atividades desplugadas na educação básica.** 2017.

RIBEIRO, L.; FOSS, L.; CAVALHEIRO, S. A. C. **Entendendo o pensamento computacional**. arXiv preprint arXiv:1707.00338, 2017.

SALES, A. J.; **A escola através dos tempos**. Brasil Escola, 2021. Disponível em: https://meuartigo.brasilescola.uol.com.br/educacao/a-escola-atraves-dos-tempos.htm . Acesso em: 12/06/2021.

SMITH, M. **Computer Science For All**, 2016. Disponível em: https://obamawhitehouse.archives.gov/blog/2016/01/30/computer-science-all. Acesso em: 12/06/2021.

WING, J. M. **Computational Thinking: What and Why?** 17. out. 2010. Disponível em: <http://www.cs.cmu.edu/~CompThink/resources/TheLinkWing.pdf>. Acesso em: 12/06/2021.

Capítulo 4

Resolução de Problemas no Contexto do Pensamento Computacional

Cléber Silva Ferreira da Luz

Universidade Cruzeiro do Sul, Depto. de Informática

cleber.luz@cruzeirodosul.edu.br

Em um primeiro momento, o título deste capítulo nos remete a pensar que o foco deste capítulo é o estudo de problemas matemáticos, isto, porque é comum relacionar o termo "Resolução de Problemas" com problemas matemáticos. Todavia, este capítulo visa estudar a resolução de problemas em uma forma mais vasta. Em nosso cotidiano, nos deparamos com a resolução de problemas constantemente. Podendo estar relacionado a vários aspectos e de naturezas diferentes, como, consertar um aparelho doméstico que quebrou, científicos, matemáticos, computacionais e entre outros. Assim, não iremos restringir o nosso estudo a somente problemas matemáticos.

Na verdade, o real objetivo deste capítulo é apresentar métodos e técnicas para auxiliar na resolução de problemas. Tais métodos e técnicas apresentados aqui, podem ser facilmente utilizados e aplicados na resolução de problemas computacionais, mas não se limitando somente a área de computação, os mesmos, podem ser aplicados em qualquer área.

Podemos compreender que, a "Resolução de Problemas" consiste na aplicação de uma sequência de passos ordenados visando encontrar uma resposta aceitável para o problema proposto. É importante ressaltar que, para encontrar uma solução para o problema proposto, é necessário utilizar pensamentos racionais. O estudo apresentado neste capítulo visa apresentar formas racionais de como encontrar uma solução para um determinado problema. Boa parte do estudo apresentado neste capítulo se baseia no livro "A arte de resolver problemas" de George Polya (POLYA, 1995), um livro que descreve formas de como resolver problemas. Além disso, este capítulo visa apresentar técnicas que podem melhorar o nosso raciocino de como resolver problemas.

Em seu livro, Polya afirma que, resolver problemas é uma habilidade prática do ser humano, tal como correr, jogar futebol ou correr, que você pode aprendê-la por meio de imitação e prática. Ele ainda explica que, se você quer aprender a nadar você tem de ir à água e se você quer se tornar um bom 'resolvedor de problemas, tem que resolver problemas. (POLYA, 1995, p. 65).

Tendo essa declaração de Polya como partida, o estudo realizado nesse capítulo visa fornece mecanismos para estimular a habilidade de resolver problemas do indivíduo. Apresentando técnicas e métodos que podem auxiliar no processo de aprendizagem de resolução de problemas.

Vamos começar o estudo analisando as formas de resolver problemas descritas por Geoge Polya Em seu livro, Polya declara que o processo de resolução de problemas se baseias em 5 etapas;

- Compreender o problema,
- Elaborar um plano,
- Executar um plano,
- Verificar a solução e
- Retrospecto da solução

A seguir, será apresentada uma breve descrição sobre as etapas para resolver problemas proposto por Polya, mais detalhes sobre estas etapas serão apresentadas nas próximas subseções.

Segundo Polya, a primeira etapa da resolução de problema consiste em **compreender o problema de forma clara**. Não é possível encontrar uma resposta para uma pergunta, quando não se sabe o que realmente deseja encontrar. Assim, compreender o problema é um passo importante para ter sucesso na resolução do problema.

A segunda etapa consiste em **elaborar um plano**. Uma vez compreendido o que devemos procurar, devemos criar um plano com os passos a passos de como encontrar o que estamos procurando, um roteiro do que devemos fazer. Essa etapa é fundamental para a resolução do problema, pois nela, está contido a ideia para a encontramos a solução do problema proposto.

A terceira etapa do processo de resolução de problema consiste em **executar o plano**. Nesta etapa iremos realizar tudo o que foi proposto na etapa anterior. Esta etapa consiste na resolução do problema.

A quarta etapa do processo consiste em **verificar a consistência da solução encontrada** para o problema proposto. A solução encontrada deve fornece a resposta correta para qualquer situação, cenário ou dado inserido.

A última etapa da resolução de problema consiste em **realizar uma análise crítica da solução obtida**, afim de consolidar o aprendizado. Nesta etapa realizamos uma revisão crítica para aperfeiçoarmos a nossa habilidade de resolver problemas.

Essas etapas são ilustradas na Figura 1 como um fluxograma.

Figura 1: Passos para resolução de problemas. Fonte: Criado com base em (POLYA, 1995).

4.1 Compreender o problema

Compreender o problema de forma clara, é o primeiro passo para encontrar uma solução. Para Polya, existem algumas perguntas que podem nos ajudar a compreender o problema (POLYA, 1995, p. 9). Perguntas como:

- Qual é a incógnita?
- Quais são os dados?
- Quais são as condições?
- É possível satisfazer as condições?

A pergunta "**Qual é a incógnita?**" pode ser substituída por "**O que é preciso?**" ou ainda, "**O que se pede?**". Essa pergunta é o nosso ponto de partida. Ela nos levará a compreender "o que devemos procurar?" em nosso problema. Compreender com clareza o que estamos procuramos é fundamental para encontrar a resposta, pois, não é possível encontrar o que não sabemos o que estamos procurando.

A segunda pergunta "**Quais são os dados?**" nos ajuda a reunir os dados conhecidos que podem ajudar a encontrar a solução para o problema proposto. Habitualmente, na descrição do problema são fornecidos dados que possuem uma relação com a incógnita do problema. Considerar tais dados, nos levará à solução desejada, para o problema proposto.

A pergunta "**Quais são as condições?**" também pode ser substituída por "Quais são as restrições do problema?". Essa pergunta ajuda a encontrar uma solução perfeita para o nosso problema, isto é, uma solução que atende a todas as restrições do nosso problema.

Por último, devemos entender que a pergunta "**É possível satisfazer as condições?**" que também pode ser substituída por "É possível satisfazer as restrições?", nos remete a pensar se é possível encontrar uma solução perfeita que satisfaça todas as condições, isto é, se a solução encontrada é realmente viável.

Para Polya, essas perguntas ajudam a compreender o problema. Seja um problema matemático, algébrico, científico, ou até mesmo, um simples enigma. Não importa a natureza do problema, a realização de tais perguntas, nos auxiliará a entender o problema de forma precisa e consequentemente, encontrar uma solução para o mesmo (POLYA, 1995, p. 3).

A próxima etapa consiste em estabelecer um plano, que será discutido a seguir.

4.2 Estabelecer um plano

Esta etapa é de grande importância para a resolução do problema. Uma vez compreendido "o que se pede no problema" ou ainda, agora que sabemos "o que devemos procurar", devemos estabelecer um plano de como chegar na resposta do problema, isto é, estabelecer um passo a passo para encontramos a resposta.

Talvez, essa etapa seja a mais difícil de todas, sair da compreensão do problema e estabelecer um plano de como resolve-lo é um caminho difícil a ser percorrido. Essa etapa é considerada difícil, pois nela se encontra a ideia de como resolver o problema. Habitualmente, a ideia para resolver o problema, surge gradativamente, em alguns casos, ela pode surgir instantaneamente, isso vai depender de vários fatores, como o grau de dificuldade do problema, os dados conhecidos, o que se pede no problema e entre outros fatores.

Devemos lembrar também que, boas ideias surgem de experiências já vividas e também, do grau do conhecimento da área do problema. Por exemplo, se o problema em questão se trata de um problema matemático, se o individuo possui conhecimentos matemáticos, ou ainda, já resolveu problemas parecidos, com certeza, ele terá boas ideias para encontrar a resposta do problema em questão. Dessa forma, podemos ainda, realizar a seguinte pergunta **"Conheço algum problema semelhante a este?"**. Se já foi possível resolver um problema semelhante ao que temos agora, ótimo, temos um ponto de partida (POLYA, 1995, p. 6). Tentar encontrar problemas semelhantes ao proposto vai ao encontro da técnica "Dividir para conquista". Essa técnica é apresentada com mais detalhes na Subseção: 4.8.

Para estabelecer o plano de forma correta, devemos também, considerar os dados que são fornecidos na descrição do problema. Habitualmente, a própria descrição do problema traz dados e informações importantes que podem nos levar ao caminho correto para encontrar a solução do problema. Devemos achar a relação entre os dados e a incógnita do problema. Como mencionado na etapa anterior, é importante que você tenha uma boa compreensão do problema, assim, você conseguirá facilmente encontrar a relação entre os dados e a incógnita do problema, e como tais dados podem te ajudar a encontra a solução para o problema.

Após estabelecer um plano, isto é, encontrar uma ideia, um passo a passo de como resolver o problema, a próxima etapa consiste em executar o plano.

4.3 Execução de um plano (resolução)

Para muitos, estabelecer um plano pode ser considerada a etapa mais difícil da resolução de problemas. Todavia, a execução do plano é a etapa mais difícil. De fato, estabelecer um plano é uma atividade difícil, isto, porque o plano é a ideia central para se encontrar a resposta para o problema proposto. Entretanto sair, da teoria e ir para pratica é uma tarefa árdua que requer muita paciência. O plano apenas nos proporcionará um roteiro geral.

Colocar o plano em pratica é uma tarefa difícil, pois consiste em aplicar a ideia obtida na pratica, conferir cada passo do plano, e ainda, se possível, demonstrar que os passos seguidos estão corretos e nos levará a resposta desejada. Por isso, que paciência é a chave fundamental na execução do plano. Muitas vezes, a ideia central da solução estar correta, mas podem existir um ou mais passos que necessitem de alguns ajustes para chegar na resposta do problema proposto.

Sobre a execução do plano, podemos ainda dizer que, devemos seguir todos os passos proposto na etapa anterior (elaboração do plano). Ao seguir os passos, devemos verificar se cada passo está correto, isto é, se os passos levam ao objetivo final (resposta esperada). Em seu livro, Polya declara que as perguntas

- "Você pode ver que cada passo é correto?"
- "Você pode provar que cada passo é correto?"

Podem nos ajudar a chegar ao nosso objetivo. Os passos estabelecidos no plano são os responsáveis por nos conduzir ao sucesso. Assim, devemos ter o máximo de cuidados com eles, e nos certificar se os mesmos estão realmente corretos. Muitas vezes, essa certificação somente é possível na execução do plano. Quando testamos o passo com algum dado especifico.

Após executar o plano, é necessário realizar uma verificação da solução encontrada. Essa etapa é apresentada com detalhes na próxima seção

4.4. Verificação da solução

Esta etapa da resolução de problema consiste em analisar se existe consistência entre o que era esperado e o que foi obtido como solução do problema. Aqui, analisamos se chegamos na resposta desejada. Realizar uma verificação, é tão importante quanto encontrar a solução para o problema proposto. O principal motivo para realizar uma verificação da solução encontra-se na consistência da resposta fornecida pela solução encontrada.

Uma solução deve possui consistência, isto é, deve fornecer uma mesma resposta para qualquer entrada, cenário ou situação analisada. Muitas vezes, para encontrar a solução para o problema que estamos trabalhamos, consideramos apenas um cenário, ou ainda, uma simples situação. Precisamos testar a solução com dados distintos para que possamos certificar que a solução encontrada pode ser aplicada em qualquer caso.

Na computação, é muito comum encontramos *bugs* em softwares. Isso se dá, porque o desenvolvedor do software não testou a "o funcionamento da rotina do software" com todas as possibilidades possíveis, isto é, não considerou algum cenário, dado ou situação distinta no desenvolvimento do software. Muito provável que o desenvolvedor se contentou apenas com a primeira resposta dada pela "solução" aplicada no software.

Não podemos nos contentar com a primeira resposta dada pela solução encontrada e considerar que o problema foi resolvido. Devemos garantir que a solução encontrada sempre retornará a resposta desejada mesmo com dados distintos, ou em diferentes cenários. Em outras palavras, devemos realizar um "rastreamento" de todos os comportamentos que a nossa solução possa apresentar. A solução deve apresentar o mesmo comportamento para qualquer cenário que a mesma for aplicada. Deve possuir uma consistência na resposta fornecida.

Em seu livro, Polya declara que esse é o momento, de "olhar para trás", isto é, ao encontrar a solução do problema proposto, devemos fazer alguns questionamentos, tais como:

- "Você pode verificar o resultado?"
- "Você respeitou todas as condições do problema?"
- "Você pode obter o resultado esperado por outro caminho?"
- "Você considerou todos os dados fornecidos no problema?"
- "Você considerou todos os cenários ou situações possíveis?"

Perguntas simples como essas, podem nos ajudar a certificar a eficiência e a consolidação da solução encontrada.

Por último, precisamos realizar um retrospecto da solução encontrada, isto é, uma análise crítica da solução encontrada. Essa etapa é apresentada com detalhes na próxima seção.

4.5. Retrospecto (Análise crítica da solução)

Após encontrar e realizar a verificação da solução é necessário realizar um retrospecto da mesma. Nesta etapa, realizamos uma análise crítica sobre a solução encontrada para que possamos consolidar o conhecimento.

A importância de realizar um retrospecto da solução encontrada tem grandes impactos em nosso processo de aprendizagem. É importante realizar um retrospecto para consolidar o conhecimento, quando analisamos novamente a solução encontrada, consolidamos o conhecimento, isto é, aperfeiçoarmos a nossa capacidade de resolver problemas.

A cada problema resolvido, aumentamos a nossa capacidade intelectual de resolver problemas. Realizar uma forte análise crítica sobre a solução encontrada, permitirá reforçar todos os passos que executamos para chegar na solução deste problema em nossa mente.

Nesta etapa, devemos realizar as seguintes perguntas:

- "O que aprendemos resolvendo esse problema?"
- "Você pode usar a solução encontrada em outro problema?"

Realizar e refletir sobre essas perguntas a cada problema resolvido pode fortalece o nosso aprendizado.

4.6. Visão geral do processo de resolução de problemas

Na Figura 2 é apresentado um fluxograma que representa todos os passos para resolver um problema.

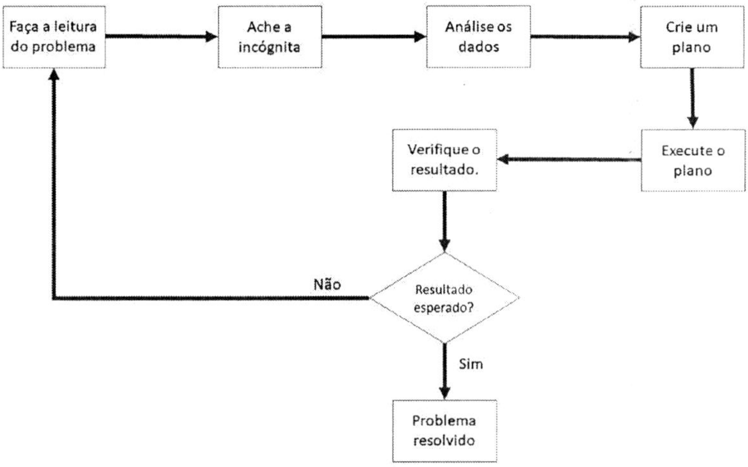

Figura 2: Fluxograma da resolução de problemas. Fonte: Próprio Autor.

Ao analisar este fluxograma, percebemos que o caminho trilhado até a resolução do problema é árduo. Habitualmente, a resolução do problema vem depois de muitos esforços e de um longo caminho percorrido.

Devemos observar também, que muitas vezes, conseguimos uma ideia para obter uma solução para resolver o problema, seguimos todos os passos para resolver o problema, e no final, não conseguimos a resposta desejada. Muitas vezes, isso não significa que a ideia está errada. Pode ocorrer que a ideia central está correta e apenas seja preciso realizar alguns ajustes. Caso essa situação aconteça, é aconselhado que você volte na primeira etapa, faça a leitura novamente do problema, tente compreender o problema com clareza e siga para as demais etapas.

4.7. Algoritmos

Na computação, a sequência de passos utilizadas para resolver um problema é denominada "**Algoritmos**". Um algoritmo sempre estar relacionado com um problema, isto é, uma pessoa cria um algoritmo para resolver um problema. Criar algoritmo estar inerente na vida do ser humano. Os seres humanos criam algoritmos a todo o momento. Por exemplo, imagine que você acabou de acordar. Você precisa pentear o seu cabelo, pois o mesmo estar despenteado. Neste contexto qual é o problema? Cabelo despenteado. O que deseja? Qual a saída? Cabelo penteado. Assim, você deve realizar uma sequência de passos (um algoritmo) para pentear o cabelo.

Nas próximas seções serão apresentadas técnicas bastantes utilizadas para a resolução de problemas na computação.

4.8 Reconhecimento de Padrões

Reconhecimento de padrões é uma técnica muito utilizada na computação. A essência desta técnica consiste na capacidade de notar semelhanças, ou até mesmo diferenças comuns que nos ajudarão a realizar previsões ou nos levarão a solução do problema por um caminho mais curto. Essa técnica é utilizada em diversas áreas da computação.

Um frequente problema da computação é reconhecer padrões em sequência numérica. Por exemplo: tente identificar o valor de "X" nas sequências a seguir:

a. 2, 4, 6, 8, 10, X
b. 1, 3, 5, 7, 9, X
c. 3, 6, 9, 12, X
d. 9, 8, 7, 6, X

A ideia central para propor uma solução nessas sequências é reconhecer os padrões.

Vamos analisar a sequência "a".

Note que os números vão crescendo em 2 em 2;

2 + 2 = 4;

4 + 2 = 6;

....

Assim, X é igual a 12 (10 + 2 = 12).

Agora, vejamos a sequência "b".

Nesta sequência, os números também vão crescendo em 2 em 2;

1 + 2 = 3;

3 + 2 = 5;

.....

Assim, temos que X é 11 (9 + 2 = 11)

Já na sequência "c".

os números vão crescendo em 3 em 3.

3 + 3 = 6;

6 + 3 = 9;

.....

Dessa forma, X é 15 (12 + 3 = 15)

A última sequência, "d"

Os números vão decrescendo em 1 em 1.

9 – 1 = 8;

8 - 1 = 7;

...

Assim, X é 5 (6 – 1 = 5)

Reconhecer padrões é uma técnica muito utilizada para auxiliar a obtenção da solução de um problema. Na próxima seção, iremos estudar mais uma técnica muito útil no processo de solucionar problemas.

4.9 Decomposição de Problemas

A técnica "Decomposição de Problemas" também é uma técnica muito utilizada na computação. Esta técnica consiste na capacidade de dividir o problema em subproblemas e, em seguida, concentra-se na resolução de cada um dos subproblemas menores.

Vamos exemplificar esse conceito de maneira bem simples. Imagine que você tenha que preparar um bolo. A preparação de um bolo de um modo geral é uma tarefa árdua. Nesta analogia, o nosso problema é a preparação do bolo. Este problema, isto é, o preparo do bolo pode ser decomposto em tarefas menores. Facilitando assim, o seu preparo. Na decomposição de tarefas, nos preocupamos em resolver cada uma das tarefas menores, assim, ao termino de todas as tarefas menores, a tarefa como um todo (o preparo do bolo) será realizada.

A preparação de um bolo pode ser decomposta em:

1. Reserva de utensílios de cozinha
2. Obtenção dos ingredientes.
3. Mistura dos ingredientes.
4. Leva o bolo ao forno.

Note que se todas essas tarefas menores forem executadas com sucesso, teremos êxito na resolução do nosso problema (preparo do bolo).

Em resumo, a técnica de decomposição de tarefa é uma técnica muito utilizada para resolver grandes e complexos problemas. A ideia central é quebrar o problema em subproblemas e se concertar na resolução de cada subproblema. Ao termino da resolução de todos os subproblemas, o problema inicial (maior) será resolvido automaticamente.

Na próxima seção, é apresentada a técnica de "Divisão e Conquista", essa técnica é uma técnica muito utilizada no processo de resolução de problemas.

4.10 Divisão e conquista

Em seu livro, Polya declara: "A variação do problema leva a um problema auxiliar adequado: se não conseguir resolver o problema proposto, tente resolver o problema correlato" (POLYA, 1995, p. 6).

A partir dessa declaração de Polya, podemos entender que, em determinados momentos, para encontramos a solução para um problema, é mais fácil tentar encontrar algum problema parecido com o proposto já solucionado. Assim, teremos um ponto de partida. Essa ideia de Polya vai ao encontro da técnica de "Divisão e conquista".

A técnica "Divisão e Conquista" é muito utilizada na computação, em especial na criação de algoritmos. A ideia central dessa técnica consiste em tentar achar a resposta para um problema, quebrando o problema em subproblemas menores, resolver os subproblemas e posteriormente, realizar uma "combinação" dos subproblemas, formando a solução para o problema inicial. Essa técnica se baseia em 3 etapas:

1. **Dividir** o problema em um número de subproblemas que sejam menores no mesmo problema.
2. **Conquistar:** resolvo os subproblemas

3. **Combinar**: faço a combinação dos subproblemas.

A Figura 3 ilustra o procedimento da técnica de "Divisão e conquista"

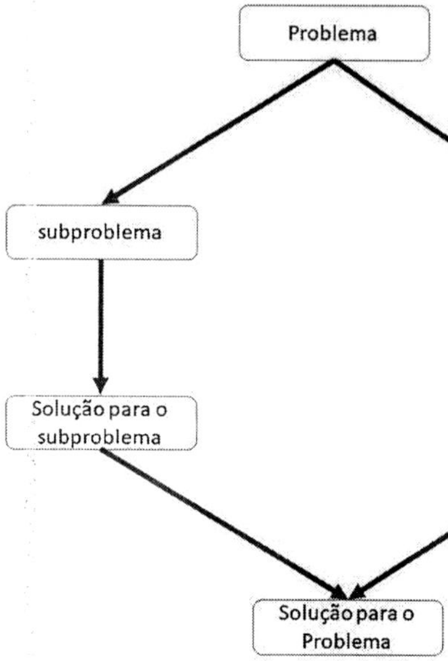

Figura 3: Divisão e Conquista. Fonte: Próprio Autor.

Esta técnica "Divisão e conquista" é semelhante a "Decomposição do Problema", a diferença é que a "Divisão e conquista" parte da ideia de "ir ganhando a batalha aos poucos", isto é, olhar o problema como um problema menor e tentar achar a solução para este problema menor. Encontrando a solução para o problema menor, podemos aplicar a mesma solução para solucionar o problema como um todo.

Referências

Dante, Luiz Roberto. Formulação e resolução de problemas de matemática: Teoria e prática. 1. ed. São Paulo, Ática, 2011

Polya, G. A Arte de Resolver Problemas. Trad. Heitor Lisboa de Araújo. Rio de Janeiro: Editora Interciência, 1995

Capítulo 5

Tecnologias para o Ensino: Cultura Maker e Lego

Paola Mazzaro
Universidade Cruzeiro do Sul
paolamazzaro@hotmail.com

Juliano Schimiguel
Universidade Cruzeiro do Sul
schimiguel@gmail.com

Resumo

As tecnologias estão em constante evolução e com novas tendências, para acompanhar a evolução das tecnologias, as escolas para otimizar o processo de ensino-aprendizagem por intermédio da cultura Maker e o LEGO surge como aliada ao aprendizado ajudando a desenvolver criatividade, iniciativa, resolução de problemas, tornando o ambiente colaborativo de aprendizagem, partindo do "faça você mesmo", permitindo que o estudante participe ativamente e torna-se responsável pelo processo de aprendizagem, o movimento Maker se caracteriza pela ação direta na construção de soluções criativas para problemas. Além desses aspectos, criatividade e inovação, comunicação e colaboração têm sido competências importantes para a formação dos cidadãos deste século, e o movimento Maker contribuindo com essas habilidades. Por meio de recursos lúdicos que envolvem os blocos LEGO, softwares e materiais, os alunos são estimulados e incentivados encorajando-os a serem mais investigativos e construírem o conhecimento mediante suas vivências. O aprendizado é consequência de experiências, desafios e criações em colaboração.

Palavras-chaves: cultura Maker; LEGO; tecnologia; ensino.

Cultura Maker e LEGO

A educação Maker tem o potencial de revolucionar a forma como se aborda o ensino e a aprendizagem, por meio dos fundamentos do construtivismo baseando-se no "aprender com a mão na massa". A cultura Maker condiz com um conjunto de condutas e conceitos do "como fazer e criar", através de experimentos até chegar a resolução de um problema. O mundo contemporâneo conduz uma realidade voltada para a progressiva evolução tecnológica em todas as áreas do conhecimento, consequentemente, seus cidadãos têm se adaptado a essas rápidas mudanças as quais surgem diariamente (GAVASSA et. al., 2016).

A disseminação das culturas Maker e Lego vem exigindo mudanças na formação de seus cidadãos e isso implica na mudança dos métodos educacionais que por sua vez irão refletir na formação dos professores (PACINI et. al., 2019).

Dentro da cultura Maker e o trabalho com Lego, podemos relacionar aos quatro pilares da Educação: aprender a conhecer, aprender a fazer, aprender a conviver e aprender a ser (UNESCO, 2017). Ideologia que preza pelo fazer, pela experimentação e pela tentativa e erro (PACINI et. al., 2018).

Quadro 4 – Quatro pilares da educação relacionados à cultura Maker

Aprender a Conhecer	Através das atividades Maker, o aluno descobre através da construção de seus artefatos o conhecimento tornando prazeroso o ato de compreender além de se tornar um aluno mais interessado no assunto, estimulando o aprender, exercitando a concentração, atenção, memória e o pensamento.

Aprender a Fazer	Através das atividades Maker, o aluno desenvolve o seu conhecimento teórico através da prática.
Aprender a Conviver	Através das atividades Maker, o aluno desenvolve habilidades sociais com seus colegas de forma interativa. O aluno aplica seus conhecimentos prévios de maneira colaborativa, assim aprendendo de maneira prazerosa como viver em sociedade, respeitando opiniões sendo elas parecidas ou diferentes. Exercitando o ato de colaboração dentro da sala de aula, o aluno aprende a respeitar diversidades de opiniões, assim formando um aluno que respeita as diferenças individuais e também formando um aluno mais social.
Aprender a Ser	Através das atividades Maker, o aluno desenvolve sua autonomia, pensamento crítico gerando então sua própria personalidade a partir do momento em que o aluno aprende a exercitar seu potencial, assim então abrindo portas a personalidades inovadoras que podem ser meios de inovação na sociedade.

Fonte: STELLA et al (2018).

Considerando, os quatros pilares da Educação e ponderando na cultura Maker e as experiências com Lego, por meio de vivências que possibilita situações de participação ativa, criativa, renovadora e colaboração, as novas tecnologias auxiliam no processo de ensino e aprendizagem possibilitando o pensamento crítico, resolução de problemas, colaboração, comunicação e criatividade, viabilizando assim, o ensino através das tecnologias com engajamento e motivação.

5.1 Aprendizagem e tecnologia: Maker e LEGO

As tecnologias vêm crescendo e possibilitando formas diversas e inovadoras de trabalhar, expressar e construir. A criação de diferentes espaços de aprendizagem, vem junto com o conceito de "colocar a mão na massa", democratizando a aprendizagem, sendo aliada ao conhecimento, ajudando na resolução de problemas numa perspectiva prática e lúdica em um ambiente colaborativo, propiciando maior interação no processo de ensino-aprendizagem das crianças, dos estudantes, associando-se ao ensino com inovação e experimentação. O brincar é muito importante, a cultura Maker e LEGO enriquece essa prática, conectando, explorando, construindo, contemplando e trocando experiências. Pensamos na Cultura Maker e LEGO pela aprendizagem fazer/refazer em blocos, esse tipo de aprendizagem nos remete às mais variadas experiências considerando a experimentação, a curiosidade, a criatividade, permitindo que os estudantes, nas suas variadas faixas etárias, se envolvam em atividades em que possam criar "coisas" para o além do interagir com a tecnologia fazendo com as próprias mãos.

Silva (2017, p. 127) aponta que a base da ideia da cultura Maker com ambientes de construção é "fazer coisas" utilizando diferentes recursos: computadores, ferramentas de corte, colagem, desenho, entre outras. A cultura Maker segue a diretriz do aprender fazendo, refazendo, criando, recriando, com autonomia e autoria.

Cultura do faça você mesmo, Maker vem do fazer, aquele faz alguma coisa o fazedor, é a cultura do que vai lá e faz, criatividade em criar com as próprias mãos, originalidade, tem a ideia e produz. A colaboração conceito fundamental da cultura Maker, todo mundo trabalha junto, em rede; você pega uma ideia que já foi criada e renova essa ideia, recriando algo novo; cultura que evita o desperdício, saber usar os recursos que estão disponíveis; na cultura Maker tudo que é criado pode ser replicado, multiplicado. Experiências diárias, nas quais "ver com a mão" é um processo estimulado o tempo todo, desde experiências com blocos, massa de modelar, pesquisa, observações, propondo experimentos e vivências, os recursos tecnológicos servem como ferramentas para aprendizagem.

Conforme Dougherty (2016) apud Raaber e Gomes (2018), o movimento Maker sinaliza para uma transformação social, cultural e tecnológica que nos convida a participar como produtores e não apenas consumidores. Ajudando na forma de como podemos aprender, trabalhar e inovar. Sendo um movimento aberto e colaborativo, criativo e inventivo, mão na massa e divertido.

Papert apud Blikstein (2016) intercede a tecnologia nas escolas não como uma maneira de aprimorar a instrução tradicional, mas como um conjunto de ferramentas emancipadoras que coloca nas mãos das crianças os materiais de construção mais poderosos. A adaptabilidade da tecnologia permite o reconhecimento e a adoção de diferentes estilos de aprendizagem e epistemologias, gerando um ambiente no qual os estudantes podem concretizar suas ideias e projetos com um intenso envolvimento pessoal e de forma colaborativa.

Freire (2013) aponta que a escola precisa ser um espaço de descobertas, proporcionar um espaço dialógico, no qual o diálogo, a interação entre os sujeitos, acontece. Nessa perspectiva gera transformações para os estudantes porque permite o confronto de conhecimentos, de saberes. Esse confronto de ideias possibilita a troca de experiência propiciando novos conhecimentos.

Buscando levar a cultura Maker e LEGO para incentivar na aprendizagem dentro da escola, fazendo com que se multiplique entre os estudantes de todos os níveis de escolaridade, desde a Educação Infantil, Raabe e Gomes (2018) destacam:

> As atividades maker geralmente estão associadas a construção objetos com uso de tecnologia. As atividades possuem propósitos diversos que incluem o uso de equipamentos de fabricação digital como Impressoras 3d, cortadoras laser e também kits de robótica, programação, costura, marcenaria e outras técnicas. O Maker aborda a tecnologia de possibilitar que os estudantes se apropriem das técnicas que os permitam se tornar produtores de tecnologia e não apenas consumidores. Para isso, é fundamental uma abordagem interdisciplinar integrando conhecimentos e práticas de diferentes áreas do conhecimento (RAABE; GOMES, 2018, p. 7).

Para estimular as criança e adolescentes a conhecerem programação, os blocos têm a intenção de mediar esse processo de conhecimento. Dispondo de inspiração os brinquedos de blocos da LEGO, que se conectam entre si podendo formar variadas estruturas, com diversas alternativas e possibilidades. Uma das principais características da programação em blocos é ter a aparência de um jogo como o LEGO com isso, os jogos, passam a ser utilizados como ferramentas de aprendizado, instigando a criatividade e resolução de problemas na criação dos seus próprios jogos.

A programação visual em blocos traz uma forma lúdica de aprender a falar, pensar e aprender a língua da tecnologia de maneira lúdica. A maneira pela qual se monta blocos lógicos com sequências, ao mesmo tempo se brinca, com recursos inovadores, abstrai muito da complexidade e transforma a programação em código e de difícil aplicação no ensino do público infantil para algo possível e estimulante (POREDU, 2017 apud ARANTES et al, 2018).

As novas tecnologias vêm influenciando a escola nos tempos atuais, é preciso conscientizar-se, propor vivências e estratégias pedagógicas que permitam que os estudantes desenvolvam saberes para que saibam lidar com o avanço tecnológico. O ambiente digital surge na perspectiva de abrir espaço para uma maior interação humana inserindo o estudante como sujeito social no contexto educacional e na tecnologia simultaneamente.

5.2 Estrutura Maker e Estrutura LEGO

Ponderando a abordagem construtivista, que traz a aprendizagem como entendida no processo de construção e o estudante possui controle sobre ela, sendo protagonista e o ambiente interdisciplinar, favorecendo o desenvolvimento de habilidades e conhecimentos.

Existem vários pedagogos e inovadores conhecidos como Maria Montessori (1870-1952), Jean Piaget (1896-1980), Paulo Freire (1921-1997), e Seymour Papert (1938-2016), que foi pioneiro em unir tecnologias digitais e educação. Trabalhou diretamente com Piaget, baseando-se no construtivismo para elaborar o seu construcionismo, em que afirma que o desenvolvimento do conhecimento é melhor quando os alunos fazem com suas próprias mãos e compartilham publicamente os objetos criados (BLIKSTEIN, 2013, apud PACINI et al, 2019).

As escolas são desafiadas a conceber oportunidades de trabalho coletivo em ambientes criativos considerados espaços de convívio e da aprendizagem de forma lúdica com ferramentas e materiais interessantes, aliando teoria e prática, sendo ambientes experimentais. Estes espaços possibilitam que os estudantes desenvolvam atividades que envolvem a criação e resolução de problema, apoiando o desenvolvimento do pensar criticamente em soluções autênticas conforme o estilo de aprendizagem.

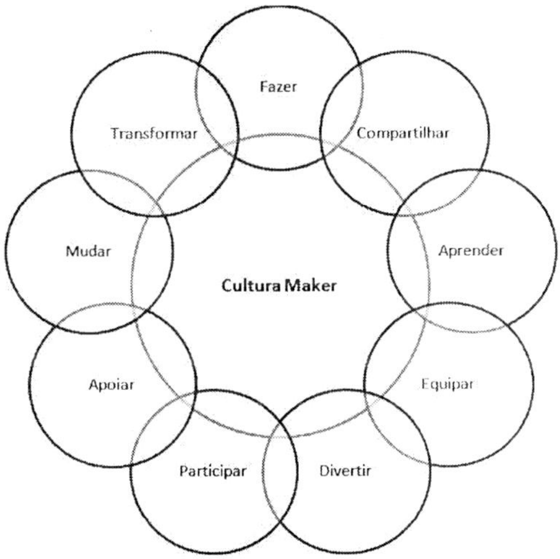

Figura 1- Estrutura: movimento Maker. Fonte: adaptado do Movimento Maker (HATCH, 2013).

Diante dessas premissas da cultura Maker, as escolas vêm se adaptando e inovando no incentivo da aprendizagem dos estudantes, procurando propor desafios, estimulando a resolução de problemas em ambientes colaborativos e com autonomia. Permitindo que as crianças e jovens desfrutem de espaços educativos atuando como protagonistas, oportunizando formas de sentir e perceber a partir das mais ricas e diversas experiências.

Lidando com o LEGO, com o intuito de incentivar alunos sem conhecimento em programação, traz uma forma mais prazerosa de aprender programação, as crianças são estimuladas a serem mais investigativas e construírem o conhecimento por meio de suas vivências, meio de recursos lúdicos que envolvem os blocos LEGO. Baseando-se em aprendizado com experiências desafiadoras e colaborativas.

Arantes et. al. (2020), aponta que a programação em Blocos, é considerada como aliada na formação de crianças para um perfil apropriado em um futuro muito mais dependente de tecnologia, apresentando oportunidades e ferramentas com alto potencial a serem aplicadaa no ensino-aprendizagem.

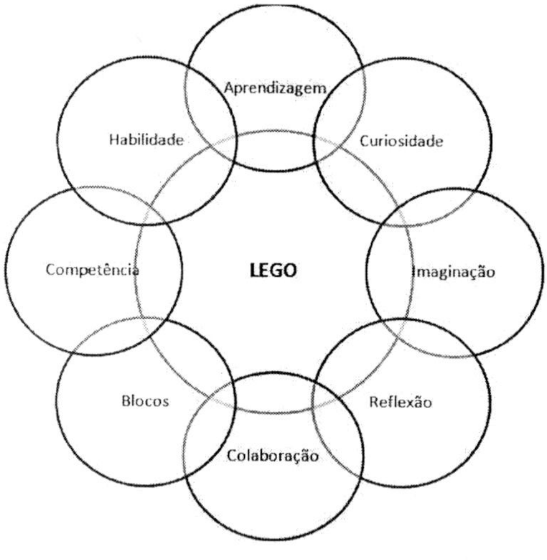

Figura 2. Estrutura: LEGO. Fonte: autores (2021).

O fazer com LEGO corrobora em: aprendizagem, curiosidade, imaginação, reflexão, colaboração, competência e habilidade, características essas que estão ligadas ao protagonismo do estudante aliado no refletir, planejar, montar e envolver do professor, ajudando assim na aprendizagem e resolução de problemas.

Ensino de tecnologias para criança, para os estudantes, fundamentado nessas experiências e nas perspectivas pedagógicas se revelam adequadas ao ensino através da cultura Maker e LEGO, já que prezam e estimulam a curiosidade e a imaginação através do fazer, propondo um ambiente colaborativo, que se aproprie e transforme o espaço através de sua própria ação (BUITONI, 2009 apud PACINI, 2019).

Considerando e envolvendo as experiências, permitindo que se possa aprender com seus erros e acertos, o estudante é encorajado a atuar como autor do próprio ambiente, protagonista da sua aprendizagem no troca de experiências que venham a proporcionar um aprendizado criativo.

Considerações Finais

O Ensino utilizando a Cultura Maker e LEGO oportuniza uma variedade de possibilidades de aprendizagem, oportunizam a criação de objetos enriquecidos por tecnologia. Proporcionam um trabalho colaborativo, incentiva os estudantes a tomar decisões e a escolher o que vai criar, construir, favorecendo assim, a criatividade. Valoriza e incentiva o aprender, tornando a escola um ambiente prazeroso e com estímulos, considerando as potencialidades dos espaços Maker e uso dos blocos, ampliando e trocando saberes e incentivando às inovações e à participação nos processos de construção do conhecimento.

Através de um espaço que estimule e seja propício para o desenvolvimento dos alunos, os espaços Maker oferece ao aluno que se expresse, aprenda e crie soluções, por meio de seus erros e acertos.

O aluno é protagonista do processo de aprendizagem e o professor é mediador, ao criar utilizando LEGO o estudante tem a oportunidade de escolher opções para chegar à resolução do problema, consolidando o seu aprendizado. Sendo assim, estas novas formas de interação surgiram movimentos diferenciados que revolucionaram espaços educacionais, a partir da premissa do "faça você mesmo".

Referências

ARANTES, Giordano et al. **Cultura Maker na Educação utilizando programação em blocos**. Revista Inovaeduc, n. 4, agost. 2018. Disponível em: https://www.lantec.fe.unicamp.br/pf-lantec/n4.art7_.pdf. Acesso em: 23/05/2021.

________. **Utilizando a Programação em Blocos na Educação como proposta da Cultura Maker.** Brazilian Journal of Development, Curitiba, v. 6, n. 11, nov. 2020. Disponível em: https://www.brazilianjournals.com/index.php/BRJD/article/view/20105. Acesso em: 18/06/2021.

BLIKSTEIN, Paulo. Viagens em Troia com Freire: a tecnologia como um agente de emancipação. **Educação e Pesquisa,** [s. l.], v. 42, p. 837–856, 2016. Disponível em: https://www.scielo.br/scielo.php?script=sci_arttext&pid=S1517-97022016000300837. Acesso em: 21/05/2021.

FREIRE, Paulo. **Pedagogia do Oprimido.** 1ª edição – Rio de Janeiro: Paz e Terra, 2013.

GAVASSA, Regina Célia Fortuna Broti et. al. Cultura Maker, Aprendizagem Investigativa por Desafios e Resolução de Problemas na SME - SP (Brasil). In: FABLEARN BRAZIL 2016, USP. Anais. In: FABLEARN BRASIL 2016: **Promovendo Equidade na Educação pelo Movimento Maker**. Disponível em: https://fablearn.org/wp-content/uploads/2016/09/FLBrazil_2016_paper_127.pdf. Acesso em: 20/06/2021.

HATCH, Mark. **The Maker Movement Manifesto** – Rules for Innovation in the New World of Crafters, Hackers, and Tinkerers. McGraw-Hill Education, 2013. Disponível em: https://raumschiff.org/wp-content/uploads/2017/08/0071821139-Maker-Movement-Manifesto-Sample-Chapter.pdf. Acesso em: 22/05/2021.

LEGO® Education (site). Positivo Tecnologia S.A. Disponível em: https://tecnologia.educacional.com.br/project/lego-education/. Acesso em: 16/06/2021.

MARTINS, Cristina; GIRAFFA, Lucia Maria Martins. **Gamificação, pensamento computacional e cultura maker:** potencialidades advindas de estratégias docentes alinhadas à cultura digital. Pontifícia Universidade Católica de Rio Grande do Sul. Porto Alegre (Brasil), Congresso: O envolvimento estudantil no Ensino Superior, out-nov. 2018. Disponível em: https://www.aidu-asociacion.org/wp-content/uploads/2019/09/210-GAMIFICAC%CC%A7A%CC%83O-PENSAMENTO-COMPUTACIONAL-E-CULTURA-MAKER-POTENCIALIDADES-ADVINDAS-DE-ESTRATE%CC%81GIAS-DOCENTES-ALINHADAS-A%CC%80-CULTURA-DIGITAL-.pdf. Acesso em: 21/05/2021.

PACINI, Giordana Dileta; PASSARO, Andrés Martin; HENRIQUES, Gonçalo Castro. **Pavilhão FAB!t:** proposta portátil para inserção da cultura maker no ensino tradicional. Gestão e Tecnologia de Projetos, São Carlos, v.14, n.1, p.76-89, set.2019. Disponível em: http://dx.doi.org/10.11606/gtp.v14i1.148143ARTIGO76-89. Acesso em: 20/06/2021.

PAPERT, Seymour. **A máquina das crianças:** a escola na era da informática. São Paulo: Penso, 2008.

RAABE, André; GOMES, Eduardo Borges. Maker: uma nova abordagem para tecnologia na educação. **Revista Tecnologias na Educação**, Fortaleza-CE, v. 26, ano 10, p.6-15, set. 2018. Disponível em: https://tecedu.pro.br/wp-content/uploads/2018/09/Art1-vol.26-EdicaoTematicaVIII-Setembro2018.pdf. Acesso em: 23/05/2021.

SÃO PAULO (Município). Secretaria Municipal de Educação. **Currículo da Cidade:** Ensino Fundamental: Tecnologias para Aprendizagem. São Paulo: SME/COPED, 2017.

SILVA, Rodrigo Barbosa e. **Para além do movimento maker:** Um contraste de diferentes tendências em espaços de construção digital na Educação. Tese (Doutorado) – Universidade Tecnológica Federal do Paraná, Programa de Pós-Graduação em Tecnologias e Sociedade. Curitiba, 2017. Disponível em: https://repositorio.utfpr.edu.br/jspui/bitstream/1/2816/1/CT_PPGTE_D_Silva%2C%20Rodrigo%20Barbosa%20e_2017.pdf. Acesso em: 23/05/2021.

STELLA, Ana Lucia. BNCC e a Cultura Maker: uma aproximação na área da matemática para o Ensino Fundamental. Revista InovaEduc, n. 4, agost. 2018. Disponível em: https://www.lantec.fe.unicamp.br/pf-lantec/n4.art6_.pdf. Acesso em: 20/06/2021.

UNESCO. DELORS Jaques (presidente). **Educação:** um tesouro a descobrir, relatório para a UNESCO da Comissão Internacional sobre Educação para o Século XXI (destaques). Brasil: Unesco, 2010. Disponível em: https://unesdoc.unesco.org/ark:/48223/pf0000109590_por?posInSet=1&queryId=N-EXPLORE-b3e0c4e8-6ad8-4467-8832-a0b0c37aa111. Acesso em: 18/06/2021.

Capítulo 6

Aprendendo a Educação Matemática Financeira por meio de um Jogo em RPG Maker

Gustavo Perini do Amaral
Mestre em Educação em Ciências e Matemática
Instituto Federal do Espírito Santo,
Campus Vitória, ES
gustavoperinidoamaral@gmail.com

Prof. Dr. Juliano Schimiguel
Universidade Cruzeiro do Sul, São Paulo/SP
juliano@cruzeirodosul.edu.br

Resumo

O presente capítulo propõe uma discussão acerca da Educação Matemática Financeira, tendo em vista a formação de cidadãos críticos no ensino fundamental. Trazendo a construção do conceito de moeda, e seus elementos, para a sala de aula. Investigando e analisando a visão dos alunos pesquisados sobre a construção sócio-histórica do conceito de moeda e as relações financeiras básicas por meio de um jogo em RPG MAKER.

6.1 Introdução

Com a globalização, as fronteiras econômicas, financeiras e culturais tornaram-se menores. Percebe-se, mais claramente, o aumento da diferença entre os segmentos sociais depois das intensificações e o desenvolvimento dos meios de comunicação e das novas tecnologias. Ocorre, também, a ampliação das lacunas entre as classes sociais, que são potencializadas pelo sistema de mercado ao criar sonhos e modelos de consumo. Por outro lado, esse movimento oportuniza conexões entre as classes, aproximando pessoas e culturas de todo mundo, em que a matemática se faz necessária para as relações interpessoais.

No momento atual, o tema Educação Matemática Financeira (EMF) se faz indispensável, visto o posicionamento das mídias em relação ao consumo. Esse assunto é explorado por essas mídias, de maneira a atender os interesses dominantes, tanto pelas mídias televisivas quanto pelas mídias impressas.

Assim, os jovens inexperientes e sem uma oportunidade para discutir as relações financeiras apresentam-se influenciados pelas ideais predominantes, em que as relações de mundo são apresentadas de maneira excessiva e descontrolada. Sem planejamento teórico e prático o trabalho, o lucro e o acúmulo de riqueza se tornam armadilhas para os sujeitos analfabetos matematicamente, entendemos o analfabeto matemático como sendo o sujeito que não consegue utilizar a matemática como ferramenta para entender o mundo a sua volta e de certa maneira cria uma relação de dependência com o outro. Nesse cenário em constante transformação as escolas, muitas vezes, se posicionam de maneira omissa. Deixando de intervir nesse processo de alfabetização matemática. Outras vezes, a escola propicia o debate a respeito dessa alfabetização. Tecendo críticas aos modelos econômicos, políticos e sociais predominantes na atualidade. Em outros momentos a escola reproduz os mecanismos, já existentes, que preparam sujeitos matematicamente analfabetos, os chamados analfabetos funcionais. Esses analfabetos funcionais são determinantes para a manutenção dos modelos globalizados, em que o ensino se dá por meio da reprodução do conhecimento sem uma visão crítica.

Sabendo que os alunos passam uma significativa parte de suas vidas dentro da escola e não aprendem a lidar com o dinheiro e seus significados. Trataremos, durante a discussão, da inclusão social na perspectiva da cidadania a partir dos princípios: necessidade e interesse do indivíduo.

Com o desenvolvimento tecnológico e a facilidade de acesso à informação, percebe-se a necessidade de mudança do currículo, que, muitas vezes, perpetua o modelo de educação bancária e em particular distancia a matemática do cotidiano das demandas da comunidade. E "[...] a experiência revela que com este mesmo sistema só se formam indivíduos medíocres, porque não há estímulo para a criação." (FREIRE, 2003, p. 38). Segundo Freire, esse modelo educacional trata os sujeitos como depósito de conhecimento.

Caminhando na contramão dessa educação bancária, analisada e criticada por Paulo Freire, Ubiratan D'Ambrosio (2001) propõe uma educação matemática envolvida na formação da cidadania e Ole Sovsmose (2001) expõe a perspectiva da educação matemática crítica. Deste modo, esses três educadores e pesquisadores destacam o papel da escola e do professor na formação de sujeitos. Preparando-os para o convívio em um mundo dinâmico, em que a escola e o professor, em muitos casos, se excluem desse processo, o que reforça, ainda mais, as relações entre trabalho e lucro, e consequentemente o modelo econômico capitalista.

Existe pouca abordagem educacional acerca do dinheiro e suas operações quantitativas e qualitativas no cotidiano das atividades escolares, com prejuízo para formação dos alunos. Essa pesquisa propõe a aplicação de um jogo, em RPG MAKER, com a temática Educação Matemática Financeira, por meio do conceito de moeda como elemento investigativo para uma educação matemática crítica, social e histórica.

6.2 Moeda e sala de aula

O assunto "moeda", muitas vezes, não é tratado nas escolas e, quando ocorre, é feito de forma superficial ao trabalhar matemática financeira com porcentagem e exercícios mecânicos de compra e venda. Com isso, a escola não trata, de maneira relevante, a construção do conceito de moeda, visto que uma de suas finalidades "[...] é a educação para a cidadania, e esta educação deve possibilitar aos alunos a compreensão de diversos elementos, dentre eles, os que permitem fazer cálculos para analisar as situações econômicas com as quais convivem em seu dia a dia [...]" (BASTOS, 2007, p. 18).

Em *Pedagogia do oprimido*, Paulo Freire diz que existem dois tipos de educação: a domesticadora e a libertadora. A educação domesticadora consiste em transmitir uma consciência bancária de educação, em que se impõe o saber ao educando. A educação libertadora desenvolve, no aluno, o compromisso consigo mesmo e com o social. O aluno "cria" sua autonomia intelectual, que é reconhecida quando o sujeito é capaz de escolher livremente os meios e os objetivos para o crescimento intelectual e as formas de inserção no mundo, tornando-se sujeito social, isto é, aquele que é tolerante, cooperativo, solidário, humilde, respeitador e justo.

Nos tempos atuais, a instituição pública que mais mantém as características para se formar um sujeito com autonomia intelectual é a escola, a qual deve desenvolver valores universais como a ética, a solidariedade e a justiça. Entendemos o sujeito com valores universais como aquele que sabe dos seus direitos e deveres e que age pelo princípio da equidade. São as instituições tradicionais como o Estado, a Comunidade, a Igreja, a Escola, a Família que vêm perdendo legitimidade como instituições formadoras de cidadãos.

O papel fundamental da educação no desenvolvimento das pessoas e das sociedades amplia-se ainda mais no atual contexto social e aponta para a necessidade de se construir uma escola voltada para a formação de cidadão por meio da práxis. Neste sentido, os parâmetros curriculares nacionais propõem "[...] a formação geral, em oposição à formação específica; o desenvolvimento de capacidade de pesquisar, buscar informações, analisá-las e selecioná-las; a capacidade de aprender, criar, formar, ao invés do simples exercício de memorização [...]" (BRASIL, 1999, p. 16).

Os professores de matemática são incumbidos não só da responsabilidade de ensinar os conceitos matemáticos do saber fazer, mas também de trabalhar a reflexão crítica.

> Lutar contra a marginalidade por meio da escola significa engajar-se no esforço para garantir aos trabalhadores um ensino da melhor qualidade possível nas condições históricas atuais. O papel de uma teoria crítica da educação é dar substância concreta a essa bandeira de luta de modo a evitar que ela seja apropriada e articulada com os interesses dominantes. (SAVIANI, 2009, p. 29)

Deste modo, a escola é a instituição que fornece elementos para que os sujeitos possam se libertar ao tomar decisões conscientes, sem a intervenção de interesses dominantes. Miranda, Castilho e Cardoso aduzem que

> A venda da força de trabalho aliena o trabalhador de sua capacidade criativa de produção, que não percebendo a alienação, não reconhece a exploração de que é vítima. Os conflitos entre as classes aparecem a partir do momento em que os trabalhadores percebem que estão trabalhando mais e, no entanto, estão cada dia mais miseráveis. (MIRANDA, CASTILHO & CARDOSO, 2012, p. 177)

Nesse sentido, a educação passa a ser ferramenta fundamental para as transformações sociais e culturais. Segundo Skovsmose (2001), a Educação Matemática é tratada de forma tradicional, o que desenvolve o racionalismo e o objetivismo, os quais se contrapõem ao desenvolvimento político. Devido a esta perspectiva, Skovsmose propõe a interação entre Educação Matemática e a Educação Crítica e apresenta uma nova perspectiva, a Educação Matemática Crítica. Para que esse diálogo ocorra, Skovsmose (2001) utiliza a Educação Matemática como suporte para a democracia, em que as salas de aula de matemática devem pautar-se por parâmetros democráticos. Ole Skovsmose (2010) apresenta duas estratégias "razoáveis" para a prática da Educação Crítica, são elas: tematização e a organização em projetos.

A tematização, segundo o autor, é tratada por meio da cooperação entre os professores que desconstroem o currículo fragmentado. Por outro lado, a estratégia de organização em projeto dar-se-á por meio da interação entre as disciplinas com o foco na problematização e no trabalho em grupo.

Assim, esse trabalho propõe a Educação Matemática Financeira como estratégia para desenvolver a interação em Educação Matemática e a Matemática Crítica, tendo em vista a aproximação entre a matemática científica e a matemática do cotidiano e a relevância social para os alunos, ao tomar decisões sobre as questões financeiras, desenvolvendo sujeitos conscientes de seu papel como cidadão.

Implantar cidadania é fazer com que o aluno entenda as possibilidades para o trato do dinheiro, tornando-o um sujeito preparado para a vida social, ao decidir sobre a situação financeira atual ou futura. Deste modo, a Educação Matemática "[...] não deve apenas ajudar os estudantes a aprender certas formas de conhecimento e de técnicas, mas também convidá-los a refletirem sobre como essas formas de conhecimento e de técnicas devem ser trazidas à ação." (SKOVSMOSE, 2004, p. 53).

Utilizamos os termos educação, matemática e finanças de maneira a se relacionarem, o que propiciará uma abordagem social, histórica e crítica das relações humanas. Essas relações denotam uma perspectiva humanista, em que a matemática deixa de ser apenas teórica e demonstrativa e passa a ser percebida como uma construção humana, resultado de experimentações, movidas pela necessidade e curiosidade do homem. Groenwald, Silva e Mora (2004, p. 37) aduzem que "A Matemática possui um papel social importante na inclusão das pessoas na sociedade. Ensinar Matemática é fornecer instrumentos para o homem atuar no mundo de modo mais eficaz, formando cidadãos comprometidos e participativos."

Neste sentido, o objetivo deste trabalho é compreender, por meio da Educação Matemática Crítica, as questões sociais e históricas em torno da construção do conceito de moeda. Segundo Skovsmose

> A educação matemática crítica inclui o interesse pelo desenvolvimento da educação matemática como suporte da democracia, implicando que as microsociedades de salas de aulas de matemática devem também mostrar aspectos de democracia. A educação matemática crítica enfatiza que a matemática como tal não é somente um assunto a ser ensinado e aprendido (não importa se os processos de aprendizagem são organizados de acordo com uma abordagem construtivista ou sociocultural). A Matemática em si é um tópico sobre o qual é preciso refletir. Ela é parte de nossa cultura tecnológica e exerce muitas funções, as quais podem ser mais bem caracterizadas por uma leve reformulação da Primeira Lei de Kranzberg: o que a matemática está produzindo não é bom nem ruim, nem é neutro (veja Kranzberg, 1997). D'Ambrosio (1994), usando uma formulação mais incisiva, enfatiza que a matemática é parte de nossas estruturas tecnológicas, militares, econômicas e políticas e como tal, um recurso tanto para maravilhas como para horrores. (SKOVSMOSE, 2000, p. 67)

Skovsmose propõe a perspectiva teórica de Educação Crítica na Educação Matemática, corroborando para uma nova abordagem, dentro da Educação Matemática: a Educação Matemática Crítica. Deste modo, o "processo educacional está relacionado a problemas existentes fora do universo educacional" (SKOVSMOSE, 2001, p 19). A matemática, segundo Brouwer, citado por Skovsmose (2001, p 25), "é uma construção humana" e, portanto, a matemática deve levar em conta as relações entre aluno e professor.

Na visão deste mesmo autor, o processo educacional deve levar em conta a matematização, visto que "Matematizar significa, em princípio, formular, criticar e desenvolver maneiras de entender; consequentemente, a matematização deve ter um papel importante no processo educacional: ambos, estudantes e professor, devem estar envolvidos no controle desse processo." (SKOVSMOSE, 2001, p. 26)

Portanto, o educador não é o único controlador no processo educacional, todavia alunos e professores precisam se comunicar para que haja um ambiente propício para o aprendizado. Para Le Coadic (2004, p.11), a comunicação é "o processo intermediário que permite a troca de informação entre as pessoas [...]". Logo, o processo ensino-aprendizagem é permeado pelas relações interpessoais, tanto pela relação aluno-professor quanto pela relação aluno-aluno.

As relações interpessoais são essenciais para a apropriação do conhecimento, pois, de acordo com Freire,

> O sujeito pensante, não pode pensar sozinho; não pode pensar sem a coparticipação de outros sujeitos no ato de pensar sobre o objeto. Não há um "penso", mas, um "pensamos". É o "pensamos" que estabelece o "penso" e não o contrário. Esta coparticipação dos sujeitos no ato de pensar se da à comunicação (FREIRE, 1983, p. 45).

A aprendizagem dialógica ocorre a partir de um ato comunicativo, em oposição à aprendizagem tradicional, permitindo um maior desenvolvimento do educando.

Na sala de aula, o professor é quem domina o processo de comunicação e, por isso, ele deve proporcionar meios para que o diálogo aconteça. Como a comunicação é uma relação interpessoal, esta ocorre entre sujeitos distintos com personalidades e pensamentos diferentes, assim, cada um possuirá uma perspectiva própria sobre o objeto da comunicação. Neste contexto, surge a necessidade do diálogo, por meio do qual se formarão interconexões sobre o objeto comunicado, ou seja, a união de perspectivas diferentes produzirá conhecimento a cerca do objeto.

O diálogo é uma forma de conversação, em que se visa o aprendizado, e tem proximidades com a interpretação das investigações. Este processo de ir e vir implica em influenciar e sofrer mudanças. Para Mariotti,

> A palavra 'diálogo' resulta da fusão das palavras gregas *dia* e *logos*. *Dia* significa 'por meio de'. *Logos* foi traduzida para o latim *ratio* (razão), mas tem vários outros significados, como 'palavra', 'expressão', 'fala', 'verbo'. Dessa maneira, o diálogo é uma forma de fazer circular sentidos e significados. Num grupo que dialoga, as palavras circulam entre as pessoas, passam através delas sem que sejam necessárias concordâncias, discordâncias, análises ou juízos de valor. As palavras — e o que elas significam — são observadas tal como se apresentam à experiência imediata dos participantes.". (MARIOTTI, 2001, p. 7)

Etimologicamente, a palavra diálogo quer dizer "significar por meio de" no sentido de facilitar o processo de desenvolvimento de significado e construções, em que os significados são construídos pelas experiências dos sujeitos envolvidos.

Se na sala de aula o diálogo não ocorre com qualidade, ele prejudica a formação do conhecimento, pois, de acordo com Alro e Skovsmose (2010, p. 11) "As qualidades da comunicação na sala de aula influenciam as qualidades da aprendizagem Matemática". Neste sentido, compreendemos a importância dessa interação na sala de aula.

Considera-se o diálogo de qualidade como algo mais abrangente que a simples comunicação dos conteúdos, uma vez que ele permite a interação entre os sujeitos. Espera-se que a relação entre professor e aluno seja permeada pela ação, reflexão e interação, em torno do conhecimento.

Para que ocorra aprendizagem, o diálogo deve possuir três aspectos determinantes para sua qualidade, a saber: realizar uma investigação; correr riscos, quanto a natureza imprevisível dos desdobramentos de um diálogo; e promover a igualdade, no que se refere ao relacionamento interpessoal (ALRO & SKOVSMOSE 2010, p. 123). É possível encontrar esses aspectos na aprendizagem dialógica, mas, não na aprendizagem tradicional. Entendemos que, na aprendizagem tradicional, a relação entre o professor e os alunos é uma via de mão única, na qual o professor é o emissor do conhecimento e os alunos são receptores desse. O professor e o aluno apresentam-se em condições desiguais, visto que o primeiro é considerado e o segundo, uma "mera tábua rasa", o que o colocaria em uma situação de desvantagem.

6.3 Protótipo Desenvolvido

De acordo com as discussões apresentadas nesse capítulo desenvolvi um guia de orientações sobre Educação Matemática Financeira com propostas de projetos, duas atividades utilizadas na pesquisa e um jogo, construído na plataforma RPG Maker VX, *software* livre, com o objetivo de promover a investigação e o debate entre professor e aluno em sala de aula.

Nos três primeiros capítulos do guia encontramos um pouco da teoria sobre Educação Matemática Financeira, em seguida apresentamos propostas interdisciplinares com relação ao tema moeda/dinheiro, para serem aplicadas nas disciplinas de matemática em conjunto com outras disciplinas. No quinto capítulo, apresentamos a utilização de um jogo construído na plataforma RPG MAKER VX sobre a história e os elementos em torno do conceito de moeda/dinheiro. Apresentamos no sexto e sétimo capítulos, dois modelos de atividade para serem aplicadas em sala de aula de matemática.

Neste capítulo, destacaremos o desenvolvimento de um jogo no programa RPG MAKER, visando a modificaçao na prática de ensino da disciplina de Matemática, em que os alunos participam ativamente da construção de seu conhecimento. Para promover essa construção apresento algumas propostas de articulação entre matemática e outras disciplinas, assim como temas para a criação de projetos.

Inicialmente, podemos relacionar as disciplinas Matemática e Língua Portuguesa, que por meio do conteúdo de literatura abordaria o poema de Carlos Drummond de Andrade contido na nota de 50 cruzados novos. Outro personagem importante é Cecília Meireles, que aparece na cédula de 100 cruzados novos. Assim como o escritor Machado de Assis impresso na cédula de 1000 cruzados. Para relacionar as disciplinas Ciências e Matemática podemos utilizar a cadeia alimentar, ao realizar o estudo sobre os animais em extinção, especialmente os animais impressos nas cédulas do Real, e apresentar a história de Oswaldo Cruz e Carlos Chagas, personagens que aparecem nas cédulas de 50 cruzados e 10 000 cruzados, ao relacionar historicamente a revolução da vacina. A disciplina História pode ser abordada por meio de pesquisas sobre os personagens cunhados nas moedas do Real, assim como em outras moedas. Além de pesquisar, historicamente, a história da moeda. A representação da moeda/dinheiro no mundo, o impacto da globalização, as relações entre as moedas por meio do câmbio são assuntos que se aproximam da disciplina Geografia. A disciplina Artes analisaria o significado dos símbolos e os códigos de segurança nas moedas. As disciplinas Sociologia e Filosofia apontariam estudos sobre os personagens impressos nas cédulas que lutaram por independência e tratariam das relações sociais, como as questões sobre os direitos e deveres, política, cidadania e religião.

Como proposta para o desenvolvimento de projetos sugeriria o tema "tributos e educação fiscal", em que o professor de matemática dividiria as turmas em grupos, cada um responsável por um subtema, que apresentariam as produções em uma feira. Outra proposta seria a elaboração de uma moeda social na escola, em que os alunos pesquisariam modelos de moedas sociais em atividade no mundo para ajudar na construção da própria moeda. Para essa construção podemos utilizar oficinas de papel reciclado, a execução de um processo de escolha da efígie e do nome da moeda por meio de eleição, plebiscito ou referendo. Desenvolvendo neste momento o empreendedorismo por meio da criação de uma empresa júnior, em que os alunos e professores planejariam metas. Outra proposta é o desenvolvimento de atividades artísticas como teatro, paródias de músicas, piadas, quadros e *charges* sobre situações financeiras do dia a dia.

Os trabalhos de Almeida (1984) e Rosa (2004) discutem sobre a importância do uso de jogos em sala de aula para a promoção de um aprendizado significativo. Segundo Rosa (2004, p.22), "diversas teorias, dadas como difíceis, quando aplicadas através de jogos, revelavam facilidades". Além de, no âmbito disciplinar, conseguir prender a atenção dos alunos em algo que lhes é interessante. Rosa também ressalta a importância da postura do professor durante toda a execução desse tipo de atividade, em que o jogo é utilizado como facilitador da aprendizagem. Para ele, o professor deve estar preparado, ou perderia seu objetivo inicial e não passaria de mais um jogo para os alunos.

Em relação ao tipo de jogo escolhido, utilizamos o RPG – *Role Playing Game* – que é uma modalidade de jogo em que se usa a representação com fundamento.

O jogo de RPG criado nessa atividade segue a teoria construcionista de Papert que, segundo Rosa (2004), o mesmo é "uma teoria de aprendizagem que rejeita a ideia de que, para que ocorra uma melhor aprendizagem, o que deve ser feito é o aperfeiçoamento da instrução".

Para Papert (1994, p.125), citado por Rosa, a meta construcionista "é ensinar de forma a produzir a maior aprendizagem a partir do mínimo de ensino". Seguindo essa teoria, o jogo permitirá ao aluno desenvolver seus conhecimentos de modo desafiador e instigante, e o mesmo terá que fazer pesquisas independentes para solucionar as várias questões contidas na atividade. Dessa maneira, estará promovendo um aprendizado significativo, pois sua vitória dependerá de seu interesse e disposição.

A atividade está dividida em dois momentos, a saber: a experimentação, em que os alunos realizaram a leitura de um texto com instruções para o manuseio do jogo e o momento de manipulação deste, e a utilização da pesquisa, visto que os alunos utilizaram a internet para resolver as questões contidas no jogo. É necessário que os alunos tenham em mãos papel e caneta para eventuais cálculos. A duração da atividade é de três aulas de 50 minutos, podendo ser aplicado em turmas de ensinos fundamental e médio. No ensino fundamental, o jogo pode ser usado como ferramenta de descoberta de conceitos e, no ensino médio, a atividade poderá ser aplicada como alternativa de resgate de conteúdos contemplados e a introdução do assunto moeda/dinheiro em sala de aula. O objetivo desse jogo é promover o debate sobre a construção do conceito de moeda/dinheiro, assim como, os elementos em torno desse assunto.

O jogo se passa, historicamente, no período medieval e possui um personagem principal, um herói, que possui um desafio: percorrer vinte casas e responder a vinte e cinco perguntas sobre o assunto moeda/dinheiro. O jogo apresenta, inicialmente, uma tela com as opções "Nova Partida", "Continuar" e "Sair" (ver imagem 1).

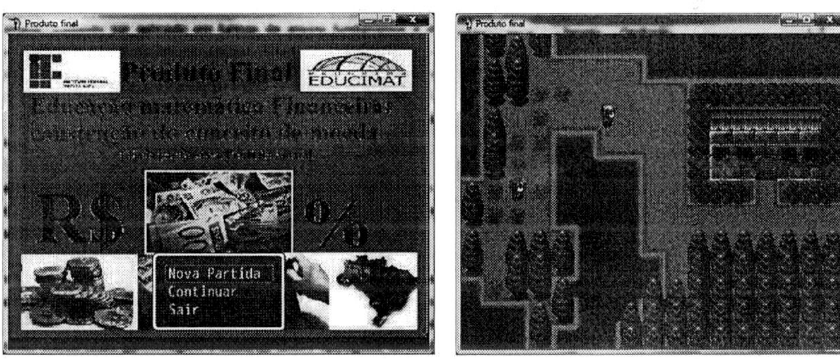

Imagem 1 – Tela inicial do jogo Fonte: arquivo pessoal do pesquisador, 2013.

O objetivo do jogo é conseguir reunir os seis itens referentes aos grupos: cálculo, problema, história, pesquisa e modelagem, além de responder curiosidades sobre o assunto moeda/dinheiro. Para isso, é necessário que o aluno possua prévio conhecimento teórico sobre porcentagem e sobre as quatro operações, conteúdos esses previstos pelo PCN de Matemática do Ensino Fundamental.

A atividade está dividida em três etapas. A primeira etapa é composta por cinco casas e seis perguntas, a segunda é composta por oito casas e doze perguntas e a última por sete casas e sete perguntas. As questões estão divididas em seis grupos, a saber: quatro questões de cálculo, três problemas, sete questões históricas, quatro questões para pesquisa, quatro curiosidades e três questões de modelagem. Ao responder corretamente cada questão, o personagem ganhará R$ 10 e receberá, automaticamente, um item relacionado ao grupo que a questão pertence (cálculo, problema, história, pesquisa, curiosidade ou modelagem) e o sujeito que realizou a pergunta desaparece definitivamente do jogo. Para verificar os itens adquiridos, utiliza-se o seguinte procedimento: aperte a tecla ESC e escolha a opção ITENS e tecle ENTER, aparecendo deste modo as telas apresentadas na Imagem 2. Para sair dessa janela de opções e retornar ao jogo, utilize a tecla ESC duas vezes. Caso erre a resposta, o personagem perde R$ 5 e o sujeito que realizou a pergunta desaparece até que o personagem saia da casa, podendo o personagem retornar para dentro da casa e realizar nova tentativa.

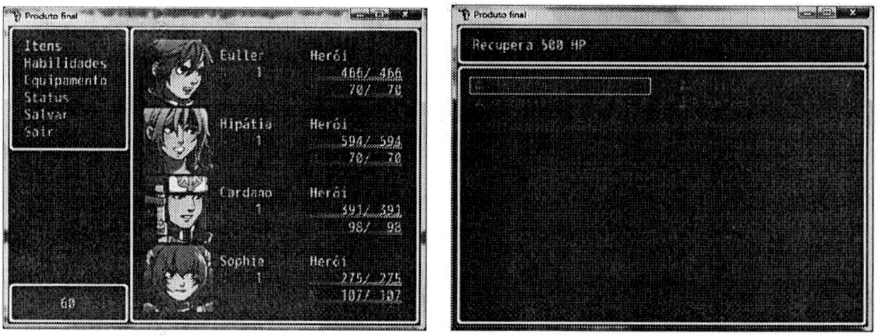

Imagem 2 – Tela de opções e itens adquiridos Fonte: arquivo pessoal do pesquisador, 2013.

A movimentação do personagem é lenta e feita pelas teclas direcionais. Mantenha pressionada a tecla *SHIFT* e utilize as teclas com setas, caso queira movimentar-se de maneira mais rápida. Para salvar todas as ações realizadas até certo ponto, utilize a tecla ESC e depois a opção SALVAR, em seguida, escolha um dos quatro campos para salvar o seu jogo (ver Imagem 3).

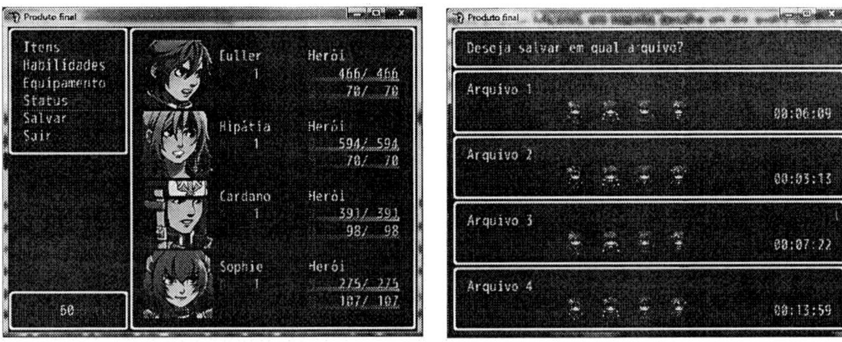

Imagem 3 – Tela para salvar o jogo Fonte: arquivo pessoal do pesquisador, 2013.

Para sair dessa janela de opções, aperte duas vezes a tecla ESC. A opção SAIR refere-se à saída do jogo e não da janela de opções. Caso queira sair do jogo, aperte ESC e escolha a opção sair. Desse modo, serão apresentadas três opções: jogo de matemática, retornar, que retorna à janela inicial; sair, que finaliza definitivamente o jogo; e cancelar, que retorna ao jogo (ver Imagem 4).

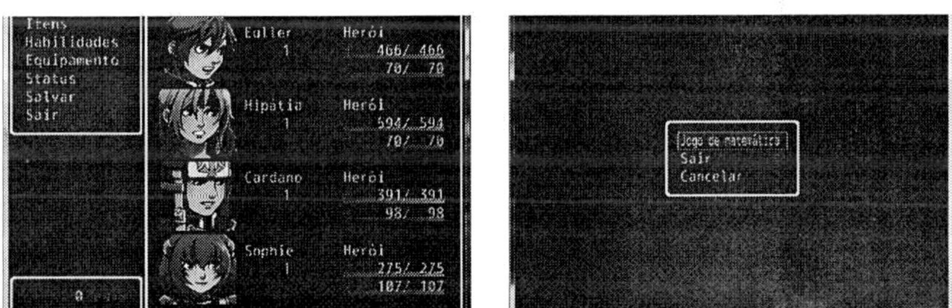

Imagem 4 – Tela apresentada na opção sair Fonte: arquivo pessoal do pesquisador, 2013.

Durante a atividade, os alunos encontraram questões de múltipla escolha e questões com sentenças de verdadeiro e falso. As questões, apresentadas, trabalham com informações históricas, conhecimentos gerais, o conceito de proporção, taxa de juro, desconto, aumento, parcelamento, juro simples e compostos. As questões contidas no jogo são:

1. Qual o ano de implementação do plano real?
2. Uma loja de roupas vende vestidos por R$ 78,00, incluído o lucro de 30%. Qual o preço de custo de cada vestido?
3. Um casal decide investir parte do salário do mês na realização de um sonho, ter o próprio negócio. Assim, a dupla decidiu comprar produtos para fazer bombons. As despesas iniciais foram:

   ⋆ ferramentas (R$ 350,00)
   ⋆ barra de chocolate de 1 kg (R$ 40,00).

   Sabendo que o cento de bombons é vendido por R$ 160,00 e com 1 kg de chocolate é possível fazer 50 bombons com 18 g. Quantos centos de bombons o casal deverá vender para cobrir o custo inicial com as ferramentas e as barras de chocolate para não ter prejuízo?

4. Uma loja dá desconto de 15%, se o produto for comprado à vista. O *tablet* custa R$ 399,00. Qual o preço final deste aparelho se o pagamento for à vista?

5. Quanto é 21% de 300 litros?

6. Taxa de juro é ...

7. As primeiras moedas, tal como conhecemos hoje, surgiram no século ...

8. Algumas lojas anunciam o pagamento em 1+6 vezes. O que significa o cliente pagar em 1+6 vezes?

9. As relações de trocas que ocorriam antes do surgimento da moeda/dinheiro eram chamadas de ...

10. O Brasil mudou sua moeda muitas vezes e, consequentemente, o nome. Às vezes denominada cruzeiro, outras cruzado, depois cruzado novo até chegar à atual moeda, o real. Qual o nome do presidente da República Federativa do Brasil que implantou o plano real?

11. Nas moedas da 2ª geração do real constam personagens importantes para a história do Brasil. Qual o personagem que aparece nas moedas de 1 centavo?

    Qual o personagem que aparece nas moedas de 5 centavos?
    Qual o personagem que aparece nas moedas de 10 centavos?
    Qual o personagem que aparece nas moedas de 25 centavos?
    Qual o personagem que aparece nas moedas de 50 centavos?

12. As patacas foram as moedas que por mais tempo circularam no Brasil, de 1695 a 1834. A série era composta por moedas de 20, 40, 80, 160, 320 e 640 réis. O valor de 320 réis deu nome à série, pataca. De 1810 a 1834, foi cunhada outra moeda de prata, que valia 960 réis ou 3 patacas, o chamado patacão. Já a moeda de 160 réis representava meia-pataca. Desse modo 2500 réis é o mesmo que ...

13. No bolso tenho 27 moedas de R$0,10 e R$ 0,25, que, somadas, dão R$ 6,00. Somando, apenas, as moedas de R$ 0,25 tenho ...

14. A tartaruga de pente, arara e garça são animais estampados, respectivamente, nas cédulas de...

15. Qual o valor final de uma aplicação de R$2000 durante 4 meses em uma poupança?

A poupança rende, aproximadamente, 0,6% ao mês. (dica: utilize a calculadora)

16. O Brasil trocou de moedas oito vezes em pouco mais de 50 anos. Depois de réis, cruzeiro, cruzeiro novo, cruzado, cruzado novo, novamente cruzeiro e cruzeiro real, o país finalmente adotou o real, em 1° de julho de 1994. Essa afirmação é verdadeira ou falsa?

17. A primeira moeda de que se tem notícia, foi cunhada entre 650 e 561 a.c., numa pequena cidade na Ásia Menor chamada Lídia. Feita de uma liga de ouro e prata chamada *elektron*, que deu o nome à moeda. No Brasil, as primeiras moedas foram cunhadas pelos holandeses, em 1645 depois da invasão de Pernambuco. De produção rústica, elas eram quadradas e de tamanhos diferentes, o que as torna muito raras. Essa afirmação é verdadeira ou falsa?

18. Uma financeira parcela R$ 1500 em 6 vezes a taxa de juro simples de 4% ao mês. Qual valor das parcelas? (dica: utilize a calculadora)

19. Desde sua criação, em 1994, o real só teve uma cédula com a estampa de uma personalidade. Em 2000 foi lançada uma nota de R$ 10 em comemoração aos 500 anos do descobrimento do Brasil. A cédula especial é de plástico e tem o rosto de Pedro Álvares Cabral, o mapa terra *brasilis* e um trecho da carta de Pero Vaz de Caminha. Essa afirmação é verdadeira ou falsa?

20. A casa da moeda, até o ano de 2012, emitiu quatro moedas comemorativas de R$ 1,00 para circulação comum. Essa afirmação é verdadeira ou falsa?

Essa questões, contidas no jogo, têm como objetivo promover o diálogo e a reflexão entre o professor e os alunos. As questões debatem desde a história da moeda até os conceitos matemáticos. Encontramos questões sobre a história da moeda no Brasil, desde as patacas até o Real. Outras questões abordam conceitos matemáticos como juros simples e composto, taxa de juro, porcentagem e proporção, função e equação. Para resolver as questões que se apresentam como problemas e afirmações históricas, os alunos utilizaram diagramas, método da tentativa e erro e o processo de investigação por meio de pesquisa na internet, para interpretar os enunciados. Algumas questões apresentam dados relevantes para a resolução das questões e informações desnecessárias, cabendo ao aluno a decisão sobre a utilização das informações que podem ser utilizadas para resolver a questão.

O professor deve preparar discussões a respeito de cada questão do jogo. Como proposta inicial para se discutir, o professor começará com o significado de uma pesquisa, o que pesquisar, como pesquisar, onde pesquisar, quais fontes são confiáveis, e o que se deve levar em conta durante a pesquisa. O mediador poderá trabalhar o significado de uma investigação, por meio de debates, e pesquisar sobre a história da moeda no Brasil. Em determinadas questões os alunos registram os cálculos no papel e o docente coletará os modelos de resolução das questões para discutir a variedade de caminhos que se percorre para encontrar o resultado. A discussão sobre as resoluções encontradas pelos alunos nos remete a pensar e questionar a respeito das soluções de cada questão, em que o professor de Matemática apresenta um caminho e os alunos, sem questionar, entendem que essa solução é única.

Considerações Finais

Estamos em uma época em que as pessoas estão conectadas por meio de várias redes sociais e jogos. A utilização de jogos para a promoção da aprendizagem é útil, pois contribuem com a memória, o desenvolvimento intelectual, atenção e observação (Rosa, 2004). A escola e os alunos, por sua vez, não podem se tornar alienados a esse fato. Muito pelo contrário, os professores devem rever as práticas e integrá-las a essa realidade, mantendo os alunos interessados e motivados.

Drucker afirma que:

> A cada poucas centenas de anos ocorre na história ocidental uma transformação significativa. Atravessamos o que eu chamo de "limite". Em poucas décadas, a sociedade se reorganiza – muda sua visão

> de mundo, seus valores básicos, sua estrutura social e política, suas artes, suas instituições fundamentais. Cinquenta anos depois, há um novo mundo. E as pessoas nele nascidas não conseguem nem imaginar o mundo em que seus avós viveram e no qual seus próprios pais nasceram. (2001, p. 23).

O produto final, citado nesse capítulo, não se apresenta como um manual a ser seguido, mas como uma de tantas fontes de informações que possa auxiliar os professores no ato de refletir sobre suas ações em salas de aula de matemática, principalmente por meio de um jogo elaborado na plataforma RPG MAKER.

O professor, ao proporcionar momentos de discussão, promove a construção de outra perspectiva a respeito da disciplina de matemática. O aluno passa a enxergar a matemática como disciplina humana e os resultados deixam de se apresentar como verdades absolutas e passam a ser questionados. Além de propiciar momentos de interesse para aprender os conceitos da disciplina de matemática por meio do jogos digitais, tão comum no dia a dia das pessoas, e assim diminuir a distância entre os conteúdos, aprendidos na escola, e a realidade, vivenciada pelos estudantes.

Referências

ALMEIDA, Paulo Nunes de. **Dinâmica Lúdica**: jogos pedagógicos. São Paulo: Loyola, 1984.

ALRO, Helle; SKOVSMOSE, Ole. **Diálogo e aprendizagem em educação matemática**. 2. ed. Belo Horizonte: Autêntica, 2010.

BASTOS, Antonio Sergio Abrahão Monteiro. **Noções de porcentagem, de desconto e de acréscimo na Educação de jovens e adultos**. 2007. 145 f. Dissertação (Mestrado Ensino de Ciências e Matemática) - Universidade Cruzeiro do Sul, São Paulo, 2007.

BRASIL. Ministério da Educação. **Parâmetros Curriculares Nacionais:** Matemática. Brasília, 1999.

D'AMBRÓSIO, Ubiratan. **Etnomatemática:** Elo entre as tradições e a modernidade. Belo Horizonte: Autêntica, 2001.

D'AMBROSIO, Ubiratan. **Por que se ensina Matemática**. 2008. Disponível em: <http://www.sbem.com.br> Acesso em: 03 set. 2003.

D'AMBROSIO, Ubiratan. **Educação Matemática:** da teoria à prática. Campinas, SP: Editora Papirus, 2010.

DRUCKER, Peter. **O melhor de Peter Drucker**: o homem; tradução de Maria Lúcia L. Rosa. São Paulo: Nobel, 2001.

FREIRE, Paulo. **Educação e mudança**. Rio de Janeiro: Paz e Terra, 2003.

FREIRE, Paulo. **Pedagogia da autonomia**: saberes necessários à prática educativa, São Paulo: Paz e Terra, 2011.

FREIRE, Paulo. **Extensão ou comunicação?** 8. ed. Rio de Janeiro: Paz e terra, 1983.

FREIRE, Paulo. **Carta de Paulo Freire aos professores**. Estud. av., São Paulo, v. 15, n. 42, 2001. Disponível em: <http://www.scielo.br>. Acesso em: 10 ago. 2012.

GROENWALD, Claudia Lisete Oliveira; SILVA, Carmen Kaiberda; MORA, Castor David. **Perspectivas em Educação Matemática**. ACTA SCIENTIAE, v.6, n.1, p. 37 – 55, Canoas, RS: Editora Ulbra, jan./jun. 2004.

LE COADIC, Yves-François. **A ciência da informação**. 2. ed. Brasília: Brinquet Lemos, 2004.

MARIOTTI, Humberto. **Diálogo:** um método de reflexão conjunta e observação compartilhada da experiência. Revista Thot, São Paulo, 76: 6-22, 2001. Disponível em: < www.geocities.com/pluriversu/dialogo.html> Acesso em: 20 jan. 2012.

MIRANDA, Camila Maximiano; CASTILHO, Neuza Aparecida Novais e Castilho; CARDOSO, Vanessa Cristina Carvalho. **Movimentos sociais e participação popular:** luta pela conquista dos direitos sociais. Revista da Católica, v. 1, n. 1, p. 176-185. Uberlândia, MG. 2009. Disponível em: <http://www.catolicaonline.com.br/revistadacatolica/artigosv1n1/15_Movimentos_sociais.pdf> Acesso em: 13 jan. 2012.

PAPERT, Seymour. Instrucionismo versus Construcionismo. In: PAPERT, S. **A máquina das Crianças:** repensando a escola na era da informática. Porto Alegre: Artes Médicas, 1994.

ROSA, Maurício. **Role Playing Game: uma tecnologia lúdica para aprender a ensinar Matemática**. 2004. 170 p. Dissertação (Mestre em Educação Matemática) – Universidade Estadual de São Paulo, São Paulo, 2004. Disponível em: <http://www.rc.unesp.br/gpimem/downloads/dissetacoes/rosa_m_me_rcla.pdf> Acesso em: 10 mar. 2012.

SAVIANI, Dermeval. **Escola e Democracia**. 4. ed. Revista. Campinas, SP: Autores Associados, 2009.

SKOVSMOSE, Ole; **Educação Matemática Crítica**: A Questão da Democracia. Tradução de Abgail Lins e Jussara de Loiola Araújo. 3. ed. Campinas, SP: Editora Papirus, 2010.

SKOVSMOSE, Ole. Matemática em ação. *In*: BICUDO, M. e BORBA, M.C. (ORGS.) **Educação matemática:** pesquisa em movimento, p.30-57. São Paulo: Cortez, 2004.

SKOVSMOSE, Ole. **Landscapes of Investigation**. ZDM, v. 33, n. 4, p.123-132, ago. 2001.

SKOVSMOSE, Ole. **Cenários para investigação**. Bolema, n. 14, p.66-91, 2000.

SKOVSMOSE, Ole. *Foreground* dos educandos e a Política de Obstáculos para Aprendizagem. Tradução de Regina Santana Alaminos e Silvanio de Andrade. In: Ribeiro, José Pedro Machado; Domite, Maria do Carmo Santos; Ferreira, Rogério (Orgs.). **Etnomatemática:** Papel, Valor e Significado. p. 103-122. São Paulo: Zouk, 2004.

Capítulo 7

The lean, The mean, Game Grilling Machine: uma abordagem prática sobre pensamento computacional e jogos

Msc. Victor Bruno Alexander Rosetti de Quiroz

victor.rosetti@gmail.com

Dr. Claudio Fernando André

Doutorado em Tecnologias da Inteligência e Design Digital (TIDD)

da Pontifícia Universidade Católica de São Paulo

cfandre@pucsp.br

Resumo

Este capítulo tem o intuito de discorrer sobre a utilização de ferramentas que promovam o pensamento computacional, utilizando jogos como forma de cativar os aprendizes. Auxiliado por ferramentas abertas, App Inventor e Thunkable, este trabalho permite experimentar um pouco da conversão de ideias em jogos computacionais. Assim como introduz algumas bases da programação de forma que qualquer um, mesmo sem conhecimento prévio de programação, compreenda, possa replicar e aprender.

Palavras-Chave: Jogos, Gamificação, Computação, Educação

Abstract

This chapter is intended to discuss the use of tools that promote computational thinking, using games as a way to captivate learners. Aided by open tools, App Inventor and Thunkable, this work allows you to experience a little bit of converting ideas into computer games. As well as introducing some programming basics so that anyone, even without prior programming knowledge, understands, can replicate and learn.

Keywords: Games, Gamification, Computation, Education

7.1 Introdução

Assim como outras ferramentas e metodologias trabalhadas neste livro, há uma que talvez seja a mais prazerosa para alunos e professores, criar jogos. Através da ferramenta APP Inventor, criada pelo Massachusetts Institute of Technology (MIT) (2011) é possível trabalhar o pensamento lógico e computacional para criar aplicativos e disponibilizá-los para celulares Android. A ferramenta trabalha com programação em blocos, aproximando-se de um quebra cabeça de comandos computacionais, mas com grande potencial. Neste capítulo você que é ávido pela compreensão da programação poderá entender os conceitos de como criar um jogo e como instruir alguém a fazer o mesmo. Este capítulo está dividido em 7 partes, inicia-se com uma introdução sobre o que são jogos, segue para conceitos de gamificação, continua com conceitos importantes para o pensamento computacional, detalham-se as ferramentas a serem utilizadas, unifica as informações passadas nos capítulos anteriores através de um guia prático e, por fim, conclui este estudo.

7.2 Jogos

Um jogo é algo não tão simples de explicar, para chegar mais fundo, detalharei alguns dos elementos de um jogo em sua essência:

Quadro 1 - Elementos do jogo

Item	Elemento	Descrição
1	Jogador	Aquele que entra no desafio, que atuará com as regras e outros elementos. Quem intermediará as regras e os objetivos.
2	Regras	Regras: conjunto de limitações que o jogador deve seguir.
3	Objetivos	Direcionamentos que o jogador deve alcançar ou buscar.
4	Aprendizado	Seja uma habilidade motora ou intelectual, a repetição do jogo permitirá que o jogador aprenda ou pratique algo.

Fonte: Elaborado pelo autor

Os elementos escolhidos no quadro 1 são apenas uma síntese de vários outros citados por autores como Huizinga (2000) e Juul (2003), mas este trabalho não se aprofundará nos mesmos, já que não visa discutir o que é jogo. Com estes elementos definidos é possível ver como interagem, o jogador gera um desafio onde ele irá testar a si mesmo ou testar-se contra outros jogadores, de forma intelectual, hábil ou um misto de ambas. De forma que o jogador saiba o que deve atingir, serão definidos objetivos que podem ser estáticos, randômicos ou mutáveis. Porém, para alcançar os objetivos, pode ser muito simples e regras são definidas para testar, para estruturar o desafio, sempre com a finalidade de testar o jogador de alguma forma, de dificultar o alcance dos objetivos. As regras possuem duas bases para serem desenvolvidas, a primeira é o tipo de jogo e a segunda é o que pode e deve ser testado.

Cada jogo possui elementos que serão utilizados para interagir, logo as regras devem levar esses em conta para serem desenvolvidas. Também com estes elementos pode surgir uma gama de possíveis testes. Um exemplo pode ser a corrida de carros, os jogadores são os motoristas, os elementos são a pista e o carro, mas as regras podem mudar. Uma variação é a Fórmula 1, onde as regras testarão não só a habilidade do piloto de ser o mais rápido, como a de uma equipe inteira, desde a estratégia de abastecimento e troca de pneus, como a eficiência de reação. Outra variação é o Rally, onde a equipe é limitada a 2 jogadores, não mais importa quem chega primeiro, mas quem passa pelos pontos de verificação (checkpoints) mais próximos do tempo determinado, testando assim a habilidade do piloto de manter a velocidade estável, enquanto seu ajudante é testado intelectualmente para calcular e prever a velocidade que precisam manter para chegar da melhor forma no ponto de verificação. Estes detalhamentos podem ser analisados devido às pesquisas provenientes de autores como Huizinga (2000), Juul (2003, 2005) e Ang (2006).

O aprendizado surge por trás destes elementos, mesmo que sejam utilizados para entretenimento algo será aprendido desta experiência. Podemos ver claramente em humanos e animais, quando dois cachorros estão brincando, não estão apenas gastando energia ou se divertindo, mas treinando habilidades de combate inerentes/internas, na percepção de Huizinga (2000). Quando se utiliza o "Monopoly" para divertir toda a família, há operações matemáticas e a criação de estratégias. Quando os reis jogavam xadrez, era para praticar suas estratégias de campo de batalhas, conforme estudos de Bird (1983).

Por exemplo, o "Jogo da Velha" é um jogo simples. Envolve a colocação de "X" e "O" em um pedaço de papel. Tudo que você precisa é de um colega jogador, um pedaço de papel, um lápis, e você está pronto para jogar. "Jogo da Velha" é considerado um jogo que necessita de poucos recursos, mas continua a ser passado por gerações.

Há também jogos como o Fifa ou qualquer outro jogo que é jogado em um console de videogame envolvendo avatares, controladores e, ocasionalmente, jogos contra oponentes pela internet.

Há ainda milhares de experiências em jogos como "Rugby", "Dardos", "Mario

Kart" e "Jacks". Todos eles são considerados jogos. Portanto, não é o fato de que algo ser digital ou eletrônico que torna um determinado produto um jogo. Não é a adição ou a falta de uma bola, bastão ou disco. Um dos elementos que transforma uma experiência em um jogo é a ideia de um objetivo específico. Estas percepções puderam ser formadas baseadas nos estudos dos autores Huizinga (2000), Gardner e Ostrom (1991).

Outro ponto relevante é a Gamificação, ou Gameficação.

7.3 Gamificação

Gamificar ou Gameficar é uma palavra que surgiu recentemente, mas que sua aplicação vem de longa data. Em si, é a essência do jogo, pois é através da gamificação que o ser humano unifica conteúdos e materiais através de uma interação cativante, de acordo com Fadel *et al* (2014). A gamificação pode ocorrer em dois níveis, conteúdo e estrutura.

A gamificação de conteúdo modificará o cerne do que se deseja praticar ou transformar. Como exemplo pode-se utilizar a história de forma gamificada: Sabe-se que o homem chegou à lua durante a guerra fria e que Neil Armstrong foi a primeira pessoa a pisar na lua. Passado dessa forma, são meras informações que, como várias outras, podem se perder na mente das pessoas. Este mesmo trecho pode ser gamificado se modificar a visão, contar a mesma história na visão de Neil Armstrong, adicionando mistérios, desafios e conflitos, chegando até a alterar a história.

Já a gamificação estrutural foca em alterar somente a estrutura ou processo pelo qual será obtido aquele conteúdo, mas sem alterar o conteúdo. Seguindo o mesmo exemplo, pode-se criar um *Quiz* (jogo de perguntas e respostas) onde questionam-se detalhes da chegada do homem à lua, podendo ser complementado com pontos, ranking e outras formas que gerem uma disputa amigável entre pessoas. Ambas as classificações podem ser abstraídas dos trabalhos dos autores Huizinga (2000), Uribe (2012), Navarro (2013) e Gomes (2017).

As motivações da gamificação podem ser muitas, desde tornar mais cativante um certo conteúdo até reforçar informações específicas.

7.3.1 Gamificação estrutural

Dentre várias formas de gamificação existe a gamificação estrutural. Onde muda-se a estrutura da aplicação ou formato da aplicação, mas não altera o conteúdo.

Esta é uma referência básica dos *videogames*, onde não basta zerar o jogo, o jogador é instigado a atingir níveis mais altos através de troféus e conquistas (HAMARI; ERANTI, 2011). Uma proposta onde o jogador deverá cumprir uma missão mais difícil como, coletar todos os itens do jogo, alcançar um *hit combo* mais alto que o normal, encontrar uma sala secreta, dentre outros. Ganhando um destaque como expert naquele jogo.

Uma implementação comum deste tipo de gamificação é tomar como referência os diversos elementos dos *videogames*, tais como pontos, níveis, emblemas e tabelas de classificação, e aplicá-los a um contexto instrucional. Então, se você assistir a um vídeo de 15 minutos, você pode ganhar 100 pontos. Se você assistir vídeos suficientes, você pode ganhar um lugar na tabela de classificação. E, em seguida, se você chegar ao topo da tabela de classificação duas semanas seguidas, você pode ganhar um distintivo intitulado algo como "Chefe por Duas Semanas". Durante todo o tempo, o ensino não é reformatado ou alterado. Isto é reforçado pela pesquisa de Domínguez *et al* (2013), Hamari e Eranti (2011).

Você ganha apenas coisas adicionais para assistir o conteúdo e, na maioria das vezes, para responder a perguntas sobre o conteúdo e responder corretamente a perguntas tipo "*Quiz*" que pode ser na forma de perguntas de múltipla escolha, ou um exercício de arrastar e soltar, ou mesmo um jogo de tipo forca dentro do conteúdo de uma experiência gamificada.

Na educação, um exemplo típico de gamificação estrutural em um contexto de aprendizagem é quando um aluno recebe conteúdo para ser aprendido através de um jogo de tipo "*Quiz*" diariamente, por um período de duas semanas via e-mail ou através de um aplicativo para celular.

O aluno recebe um e-mail com uma pergunta do "*Quiz*" contendo o conteúdo a ser aprendido. Se eles respondem corretamente, eles ganham pontos e progridem até ganhar um crachá digital. Se eles respondem incorretamente, o aluno é imediatamente apresentado a uma orientação curta, projetada especificamente para abordar o tópico abordado na pergunta inicial.

As perguntas são repetidas em vários intervalos, até que o estudante demonstre o domínio do tópico. Todo o processo pode levar apenas de 30 a 90 segundos por dia, e pode ser feito no início ou no final do dia. O processo de aprendizado através do *Quiz* baseia-se na percepção de jogos comerciais que retêm muitos usuários como Pokémon Go (SCHWARTZ, 2016), e também é suportado pelas pesquisas de Cunha, Gasparini e Berkenbrock (2013).

Como os alunos estão progredindo através do conteúdo, o número de perguntas que eles respondem corretamente é indicado em um quadro de líderes, permitindo que os alunos avaliem o seu progresso em relação aos outros.

A gamificação estrutural parece ser o tipo mais comum que vem sendo utilizada em contextos educacionais, talvez porque, de certa forma, é relativamente mais fácil de implementar, quando comparada com a gamificação do conteúdo.

Pode-se criar ou comprar uma estrutura em que se aplicam pontos para determinadas atividades do aluno, dentro de um período limitado. No entanto, é importante ter em mente que simplesmente adicionar pontos, emblemas e tabelas de classificação, não necessariamente motiva os alunos por muito tempo. É importante aplicar estes elementos de forma inteligente e balanceada. Em outras palavras, a gamificação estrutural deve ser uma mistura que motive os estudantes a estudar o conteúdo e, também, incentivá-los.

Devido à facilidade de implementação da gamificação estrutural é possível utilizá-la para iniciar os estudos sobre pensamento computacional. Mas é necessário conhecer alguns conceitos básicos sobre este tipo de pensamento no próximo tópico.

7.4 Pensamento computacional e os jogos

Para estudar o pensamento computacional por completo é necessário viajar para eras atrás, em tempos platônicos, onde iniciam os estudos sobre lógica. Porém, simplificando este caminho, podemos ir diretamente à lógica mais próxima dos computadores, a lógica booleana. Criada por George Boole (BOOLE 1848), ele estrutura o cálculo booleano que auxilia os estudos sobre o mundo binário, levando-nos ao Verdadeiro ou Falso. O computador entende apenas este mundo, claro que traduzido em pulsos elétricos, ligado e desligado, ou, 1 e 0.

Estes pensamentos foram seguidos da criação do algoritmo (HUSSEIN, 2014), uma estrutura bem definida e finita, uma sequência de passos para executar um processo de forma automática. Este processo visa receber dados, calcular e trazer respostas sem a necessidade de esforço humano.

Como forma de simplificar o significado do algoritmo e acompanhando o pensamento de Alan Turing (TEUSCHER,2004), considerado o pai da computação, o hardware da máquina é o cérebro enquanto o software é a mente. Complementando este pensamento, o algoritmo são os passos que a mente executa para processar algo. Como fazer um bolo através de uma receita ou chegar à casa de um colega, onde há uma sequência de passos com um objetivo/resultado.

É importante lembrar que a receita pode ser escrita em várias línguas diferentes, assim como o algoritmo pode ser escrito em várias linguagens de programação. Todas com suas regras específicas, mas com o mesmo objetivo.

Abstraindo as partes importantes de um algoritmo e aproximando-se do ser humano, o mundo binário adotou várias formas e ferramentas para facilitar a tradução de nosso pensamento para a linguagem computacional, mas todas sempre carregam a base da lógica. É possível dividir as ferramentas da seguinte forma:

1. Estrutura: Toda linguagem computacional possui um início e um fim bem definidos, seja por uma palavra-chave, por um colchete "}" ou ainda por uma quebra de linha. Indicando que é necessário ter um começo e um fim para qualquer programa de computador. Além da estrutura principal há 2 tipos extras, a estrutura de repetição e a de decisão.

2. Estrutura de repetição: Normalmente definida pelas palavras "*While*" (Enquanto) e "*For*" (Para). São estruturas que permitem rodar códigos mais de uma vez, no intuito de acompanhar certa ação até que uma condição seja atendida.

3. Estrutura de decisão: Organizada pelas palavras "*If*" (Se) e "*Switch*" (Chavear). São estruturas que permitem a execução de códigos diferentes, de acordo com uma condição lógica.

4. Variáveis: São formas de acessar a memória (*Random Access Memory* - RAM) do computador para guardar ou buscar dados. Estes dados são temporários e só permanecem ativos enquanto o programa é executado. Criamos estas com nomes variados e normalmente possuem um tipo, que identifica o tipo de dado que a variável irá guardar (números, caracteres, texto...). É similar às anotações que se faz no canto do caderno para anotar partes já calculadas de uma conta complexa.

Através destes 4 itens universais é possível padronizar qualquer pensamento em computacional.

Conforme descrito no tópico anterior, os seres humanos costumam inventar jogos constantemente, deixando bem claro os jogadores, as regras e os objetivos. Nem sempre definem o que podem aprender com aquele jogo, mas acabam aprendendo algo ao jogar. Porém, olhando criticamente, é possível traduzir estes itens para um pensamento computacional. Jogadores tornam-se usuários, enquanto regras tornam-se o algoritmo em si e os objetivos são os resultados que o algoritmo deve entregar.

Como exemplo, definiremos um jogo a ser traduzido em pensamento computacional:

1-Basquete de bolinha de papel: Jogo baseado em habilidade onde uma ou mais pessoas unem-se ao redor de um cesto/lixeira e tentam encestar bolinhas de papel. Para o exemplo, cada bolinha equivale a 1 ponto.

O basquete de bolinha de papel não só serve como entretenimento, mas como teste de habilidade para arremesso. O jogador necessita acertar um alvo usando sua habilidade de regular os músculos e aplicar força e direcionamento necessários para que a bolinha entre na cesta. Dado o direcionamento, é possível traduzir em partes:

1. É necessário um jogo que possa ser jogado por uma ou mais pessoas
2. O jogo terá lançamentos limitados
3. Quem fizer a maior quantidade de pontos ganhará
4. O jogo necessita testar habilidade

Qualquer pessoa pode identificar, mesmo que de forma inconsciente, estes 4 pontos. Assim cria-se um norte para o pensamento computacional. Com a abstração feita, pode-se iniciar a tentativa de tornar estes mais próximos da computação:

1. Será necessária a capacidade de chavear entre jogadores (cada 1 tem uma jogada)
2. O código precisa limitar os lançamentos
3. O código precisa contabilizar (somar) os pontos totais
4. A habilidade pode ser convertida em atenção, podendo ser substituída por uma barra que aumenta e reduz, automaticamente, a potência da jogada. O jogador precisa ter habilidade de concentração e destreza para ativar a jogada no momento certo.

Dos 4 tópicos, o mais complexo de imaginar é o 4, mas que pode ser copiado de vários jogos que já estão no mercado. Logo, é possível ver um caminho bem traçado para a conversão dos 4 passos em códigos. A abstração feita até o momento chega ao limiar entre a abstração humana e o código de máquina. Para concluir o processo:

1 e 2-Defina a quantidade de jogadores;Enquanto as jogadas não acabarem, continue jogando; Para cada jogador, jogue uma partida e passe para o próximo;

3- Se jogador X acertou, adicione 1 na pontuação dele;

4-repita enquanto jogador não apertar botão/clicar na tela; para barra igual a 0, adicione 1 na barra, até 100; para barra igual a 100, reduza 1 da barra, até 0; Colete o número da barra quando o jogador jogar;

Através de poucos passos é possível ver que é simples traduzir um jogo, principalmente aqueles cujas regras são amplamente conhecidas. Este tipo de ação incentiva pessoas a tomarem parte desta iniciativa, pois veem que são capazes de traduzir algo mundano para a computação.

Pode-se usar este exemplo como base para refletir sobre o pensamento computacional. Através da lógica e da matemática básica é possível traduzir um pensamento humano em algo que as máquinas possam compreender. Para auxiliar esta transição, algumas ferramentas foram criadas permitindo o ser humano programar os computadores.

7.5 Ferramentas

Normalmente denominadas *Integrated Development Environment* (IDE) são ferramentas completas, plataformas, que possuem um conjunto de ferramentas de programação que facilitam a criação de programas. As IDEs podem funcionar para uma ou muitas linguagens de programação, assim como possuem vários níveis de complexidade. Este trabalho utilizará duas IDEs facilitadoras, que trabalham de forma completamente visual através do clicar e arrastar.

7.5.1 App Inventor

O MIT App inventor é uma ferramenta *open source* cujo intuito é facilitar a criação de aplicativos *mobile* e o aprendizado de programação. Para facilitar a compreensão dos próximos passos, o autor fornece vídeos instrutivos sobre o App inventor através de seu canal (YGGBRASIL, 2018).

Com uma interface simples, mas muitos componentes, permite a utilização quase completa das funcionalidades do celular, conexão com banco de dados e equipamentos usados para a robótica.

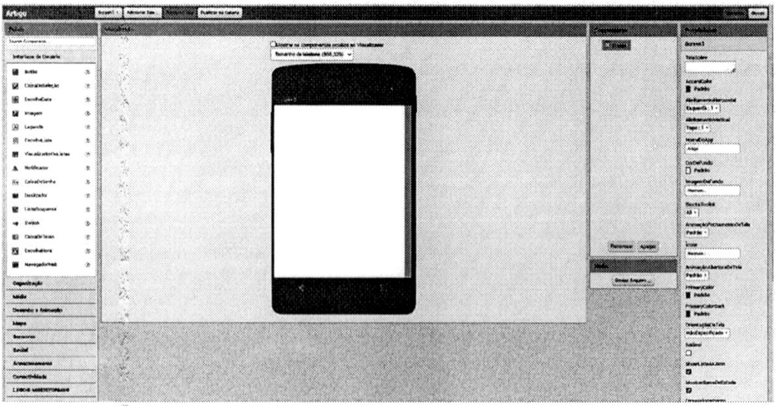

Figura 1 - Tela inicial App Inventor

De acordo com a figura 1 é possível identificar 4 campos bem categorizados. O campo paleta onde há uma gama de componentes divididos por categorias. São elementos visuais, de organização, para captura de sensores do celular e outros. O campo visualizador onde há a imagem do celular em si, para visualizar como o aplicativo ficará em sua versão final. Ao topo do campo central é possível ver um menu de telas "*Screen1*", que permite a criação e chaveamento entre telas do aplicativo. O campo "componentes", onde é possível ver uma hierarquia de componentes e todos os componentes presentes naquela cena. Por fim, o campo propriedades onde há a configuração de cada componente que se encontra na tela. Cada componente possui configurações diferenciadas e este campo muda conforme seleciona os componentes.

Todos estes campos servem para a configuração visual e de coleta de dados (sensores) do aplicativo e normalmente são considerados a parte fácil da aplicação. É importante que esta parte esteja configurada antes de pular para a próxima tela. Ao topo direito da figura 1 é possível ver dois botões, Designer e Blocos. Designer é o ambiente inicial com os 4 campos descritos anteriormente. Basta clicar em Blocos e o App Inventor chaveará para a segunda tela.

Figura 2 - Tela de Programação App Inventor

A figura 2 é a tela de programação e possui 3 campos, 2 visíveis e um escondido. O campo de blocos, visível, mostra uma barra com inúmeras possibilidades de peças para serem usadas. Divididas por funcionalidades basta selecionar a categoria, clicar e arrastar a peça desejada para o campo em branco. Todas as vezes que clicar na categoria, o campo invisível tornar-se-á visível, com as opções de peças. No exemplo da figura 2 algumas peças douradas aparecem. Por fim, o campo visualizador em branco é a tela de programação, onde todas as peças devem ser encaixadas para gerar um programa. É interessante notar que ao final, parte baixa do campo de categorias onde está descrito "*Screen1*", aparecem os componentes inseridos em sua tela inicial, aqueles que previamente foram configurados na figura 1.

O MIT App Inventor consegue apenas entregar apps para dispositivos Android, impedindo que um professor atenda uma sala de alunos por completo. Porém há uma ferramenta denominada Thunkable, criada sobre o código-fonte do MIT App Inventor e que possui funcionalidade para executar em dispositivos iOS. Por ter interface e funções similares, esta fará parte deste estudo também.

7.5.2 Thunkable

Assim como tratado no tópico anterior, a Thunkable possui o App Inventor como base, mas ainda há diferenças. Uma das principais diferenças é permitir a criação de aplicativos para o iOS. Este tópico seguirá com a apresentação da ferramenta permitindo a compreensão de sua interface.

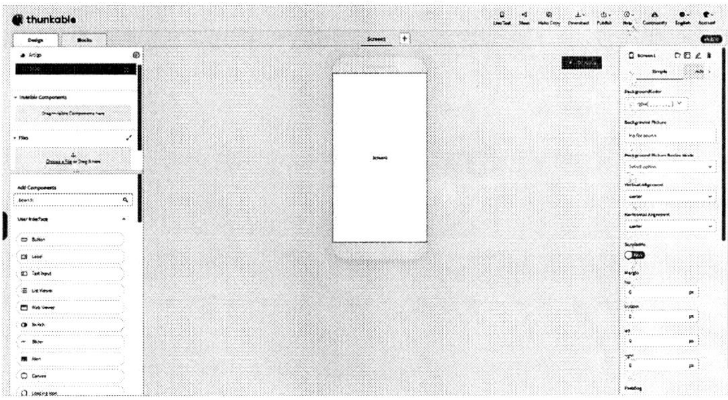

Figura 3 - Tela inicial Thunkable

A ferramenta possui os mesmos campos que o MIT App Inventor, porém organizados de maneira diferente. Conforme figura 3, é possível encontrar o campo que mostra a hierarquia de componentes da tela no canto superior esquerdo, o campo Paleta, agora nomeado "*Add Components*" logo abaixo, o campo visualizador continua no centro e, por fim, o campo propriedades no lado direito da tela. Também como diferença, os botões para criar novas telas, e para selecionar o modo (Design/Blocos) deslocaram-se de lugar. Mesmo com todas as modificações fica claro que se trata do mesmo ambiente.

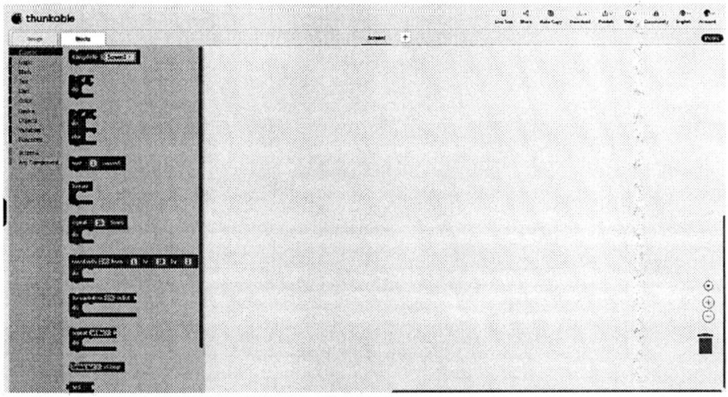

Figura 4 - Tela de programação Thunkable

A figura 4 é a tela de programação do Thunkable (2016), ou tela de blocos. Também funciona da mesma forma, no lado esquerdo é possível selecionar categorias de blocos, ao clicar numa categoria surgem os blocos, que podem ser arrastados para a tela em branco e conectados para gerar um código. Muito mais próximo do App Inventor.

Como detalhe importante, a plataforma permite o uso para Android e IOS, porém só possui linguagens em inglês e chinês, diferentemente do App Inventor que possui várias.

Com as plataformas apresentadas é possível seguir com detalhamentos de como cativar alunos a utilizarem estas ferramentas e no processo aprenderem programação e lógica computacional.

7.6 Exemplo prático

Através das definições acima é possível iniciar um exemplo prático unindo a gamificação estrutural com o App Inventor/Thunkable. Para iniciar, necessita-se de estruturar a gamificação sobre o conteúdo a ser passado.

Tratando-se de pensamento computacional definiremos que os alunos necessitam aprender através do guia do professor:

- Utilizar o App Inventor/Thunkable (criar/iniciar um aplicativo)
- Usar a interface da ferramenta
- Inserir sons
- Inserir acelerômetro
- Programar componentes inseridos
- Utilizar uma estrutura de decisão (programação)

Seguindo a estrutura acima é necessário seguir os passos para criar um aplicativo simples e divertido:

Passo 1: Entrar na ferramenta

Passo 2: Arrastar da Paleta para a tela do telefone 4 componentes. Da aba Interface com o usuário arraste uma "Caixa de Texto" e um "Botão", Da aba Mídia arraste "Texto para Falar" e da aba Sensores arraste "SensorAcelerômetro". A estrutura do aplicativo deve ficar similar ao da figura 5.

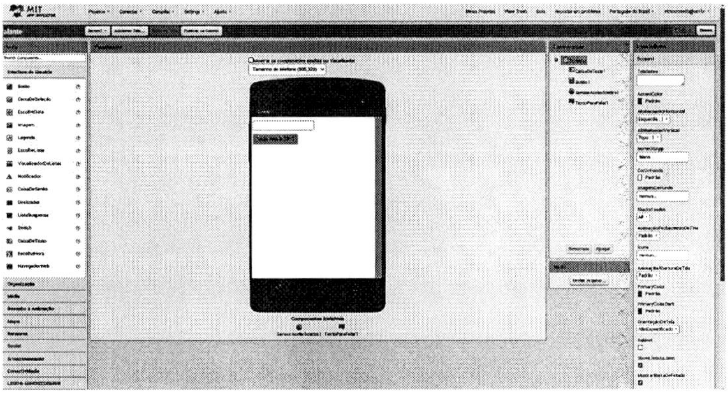

Figura 5 - Estrutura base

Passo 3: Mude para a parte de blocos no canto superior direito

Passo 4: No canto esquerdo, na coluna Blocos, selecione o SensorAcelerômetro e abrirá os blocos acessíveis pelo sensor. Selecione o bloco "Quando SensorAcelerômetro. Sacudindo" e arraste-o para a tela em branco.

Passo 5: Selecione o componente TextoParaFalar e arraste o bloco "Chamar TextoParaFalar. Falar" para dentro do bloco do SensorAcelerômetro. O bloco encaixará quando estiver próximo.

Passo 6: Selecione o componente texto, em seguida o primeiro bloco, um espaço vazio entre aspas duplas, e arraste-o para encaixar na parte de "mensagem" do TextoParaFalar.

Passo 7: Clique no bloco encaixado e digite uma mensagem qualquer. Quando tudo estiver completo, será similar à figura 6.

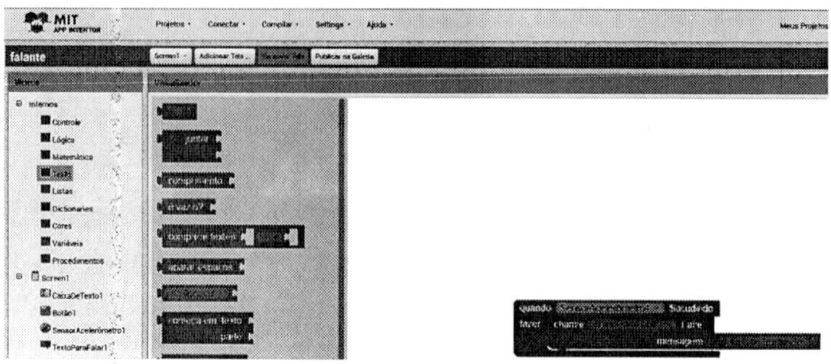

Figura 6 - Tela completa

Passo 8: Complemente o processo para ampliar as possibilidades deste aplicativo conforme figura 7.

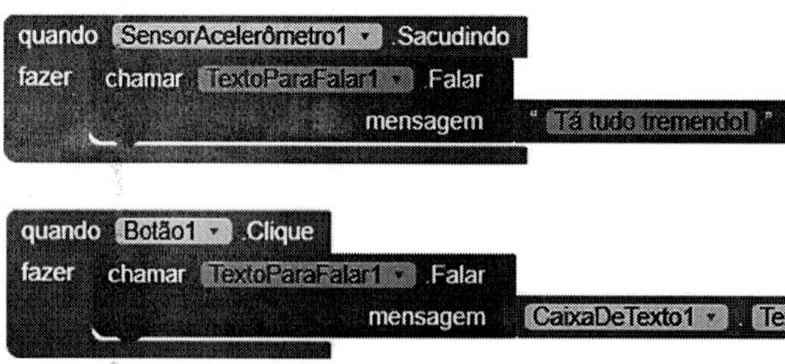

Figura 7 - Código final

Passo 9: Para concluir e testar seu aplicativo, no menu superior clique em "Compilar", depois em "App (fornecer o QR code para o .apk)" e irá iniciar um processo de compilação que ao final irá gerar um QR Code, legível por qualquer celular com câmera. Escaneie o QR Code e faça o download do seu aplicativo.

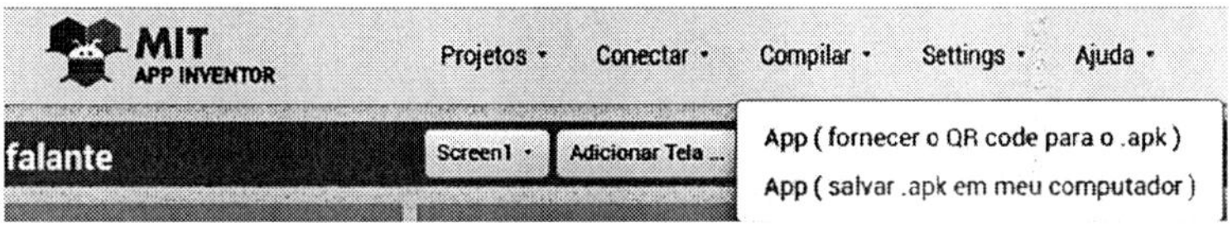

Figura 8 - Menu de compilação/publicação

Através deste pequeno aplicativo, todos os pontos definidos foram praticados. Pode-se iniciar a próxima fase do projeto, gamificar novos conteúdos para que os alunos pratiquem.

7.6.1 Criando a estrutura gamificada

Com a base da aula definida, inicia-se o processo para gamificar os novos conteúdos que o professor poderá requisitar dos alunos:

- Replicar o aplicativo criado com outros parâmetros
- Adicionar outro código baseado no acelerômetro
- Usar outro sensor do telefone
- Modificar o som da instrução por outro

O formato de aplicação destes conteúdos segue o costume do professor, o que muda é a gamificação que será aplicada para incentivar os alunos a concluírem os mesmos. Para efeito de exemplo, será definida uma estrutura e premiações que o autor já utilizou, mas estas podem ser modificadas conforme a turma.

Inicia-se pela estrutura onde serão organizados os 4 novos conteúdos em ordem de complexidade e de complementação, onde o anterior complementará e reforçará o próximo.

1. Modificar o som da instrução por outro - Visa modificar um único elemento do aplicativo, mas reforça o conhecimento sobre a interface.

2. Adicionar outro código baseado no acelerômetro - Visa alterar uma pequena parte do código do aplicativo, com o intuito de instigar o entendimento da programação.

3. Replicar o aplicativo criado com outros parâmetros - Visa verificar e reforçar o aprendizado do aluno sobre programação.

4. Usar outro sensor do telefone - Visa aprimorar a programação adicionando algo não visto anteriormente, mas viável para o aluno.

7.6.2 Definindo objetivos

Se faz necessário estipular objetivos e premiações para instigar os alunos. Os objetivos servem para clarificar o que será avaliado ou como o aluno pode conseguir um certo brinde. Neste caso ficam definidos os objetivos:

- Há premiação para cada atividade concluída antes de certa data - A conclusão das atividades é importante para o aluno manter-se atualizado na matéria, o tempo entra como fator de desafio.

- Há premiação para o aluno que entregar primeiro as atividades - A premiação por entrega motiva a continuação dos estudos.

- Há premiação para os três primeiros alunos que entregarem todas as atividades - Os alunos continuam motivados sabendo que há mais de um lugar para uma premiação.

- Entrarão no hall da fama/ranking os 5 primeiros alunos a entregarem - Mesmo sem premiação, ter o nome/foto no ranking continua a motivar alunos sabendo que há 5 lugares para conquistar.

Também há a possibilidade de estipular objetivos secretos, não disponíveis aos alunos. Esta ação motiva através do mistério, algo surpresa que pode ocorrer com qualquer participante ou com a turma. Os objetivos secretos não são obrigatórios e é interessante que não ocorram sempre, para manter o mistério. Como exemplos podem-se listar:

- O aluno que concluir a atividade, mesmo que em data posterior, receberá uma premiação menor - Mesmo perdendo, há uma motivação para continuar, para se esforçar mais na próxima vez.

- O aluno que interagir mais receberá uma premiação - Apresentar para turma um comportamento desejável sem impor, tornar ele visível, é algo que demonstra e reforça o mesmo.

- Os alunos mais unidos recebem uma premiação - Promover o compartilhamento de informações, a união, a amizade ou outros bons comportamentos humanos são válidos para o aprendizado da vida.

- Se todos os alunos completarem a atividade, há uma premiação para a sala - Unificar os alunos pode trazer ótimos resultados para o desenvolvimento da turma.

- O último aluno do ranking pode requisitar um desafio especial - É uma tentativa de recuperar um aluno que talvez esteja desmotivado. O desafio pode ser definido conforme o professor desejar.

O mais importante da gamificação é que não devem existir punições, pois geram impedimentos, medo e inação por parte dos participantes. Alguns jogos punitivos como Ghouls'n Ghosts e Dark Souls 3, Fromsoftware(2016), possuem o fator replay, que é a possibilidade de serem jogados até que aprendam a passar de certo desafio. Porém, dentro de uma sala de aula, o fator replay é complexo de aplicar já que há um cronograma a ser seguido e o professor não pode esperar até que todo aluno conclua o desafio.

7.6.3 Definindo premiações

Com todos os objetivos listados podem-se definir as premiações. Nem sempre as premiações precisam ser grandiosas ou pagas, estas podem ocorrer de forma simples e precisa. Tudo depende do conhecimento da turma e de cada aluno. Estas também podem vir com responsabilidades, objetivos secundários que os alunos precisam cumprir para manter a premiação. Algumas premiações possíveis:

- Bandana/Bracelete/Fita de aluno destaque, o aluno utilizará até o próximo desafio - Motiva o aluno a estar presente e ser o exemplo da turma. Traz a possibilidade de adicionar objetivos secundários e sem premiação, como auxiliar o professor, auxiliar os colegas e dentre outros.

- Uma página web/um destaque no mural da instituição de ensino - Assim como a bandana permite um destaque de maior visibilidade, ampliando o impacto. Também pode ter objetivos secundários.

- Promoção para administrador/intermediador do chat/fórum/aplicativo de mensagens da turma. Caso a turma possua uma interação digital também destaca o aluno ao mesmo tempo que pode auxiliar o professor.

- Uma caneca/camisa/mouse pad customizado e escolhido pelo premiado - Uma premiação paga com baixo custo para a instituição de ensino.

- Escolher outro aluno para um desafio especial - Envolver outros alunos e dar-lhes a chance de estar entre os primeiros cria um ambiente saudável de competição e garante que haja novas possibilidades de praticar bons comportamentos humanos.

Dentre várias possibilidades de premiação, o importante é gerar impacto no participante e nos outros que estão ao redor dele. Criando motivação e reforço em massa na turma. Com todos estes elementos definidos é possível seguir para conclusões.

Conclusão

Através deste trabalho é possível testar e concluir que há várias formas de utilizar jogos para incentivar o pensamento computacional. Seja através da abstração do jogo mundano, para obtenção de suas regras e objetivos, ou através da criação de um jogo por ferramentas que facilitam a prática da programação. Um game ou uma gamificação, ambos podem cativar os iniciantes a praticarem formas de se comunicar com o computador.

Também é possível concluir que o pensamento computacional não está distante do pensamento humano, mesmo que um pouco estranho no começo. Este define formas e regras simples para serem seguidas, tornando-se próximo à gramática de uma língua.

Através do guia estruturado neste trabalho espera-se que seja de serventia para muitos instigadores, professores e interessados em promover o pensamento computacional. Através dos aplicativos gratuitos e de código aberto permite a reprodução destas práticas em variados ambientes de ensino.

Por fim, espera-se que este capítulo seja apenas um pequeno, mas, importante e divertido passo para o aprendizado da computação.

Referências

ANG, Chee Siang. **Rules, gameplay, and narratives in videogames**. Sage, London, p. 306-325, 1 set. 2006. Disponível em: https://journals.sagepub.com/doi/10.1177/1046878105285604. Acesso em: 2 jan. 2019.

BIRD, Henry Edward. **Chess History and Reminiscences**. London: Dean, 1893.

BOOLE, George. **The Calculus of Logic**. Cambridge and Dublin Mathematical Journal, Inglaterra, v. III, p. 183-98, 1848. Disponível em: https://www.maths.tcd.ie/pub/HistMath/People/Boole/CalcLogic/CalcLogic.pdf. Acesso em: 7 maio 2021.

CUNHA, Lucas Felipe da; GASPARINI, Isabela; BERKENBROCK, Carla D. M. **Investigando o uso de gamificação para aumentar o engajamento em sistemas colaborativos**. *In*: WAIHCWS, 2013, Manaus. Proceedings [...]. Manaus: [*s. n.*], 2013. Disponível em: https://www.semanticscholar.org/paper/Investigando-o-Uso-de-Gamifica%C3%A7%C3%A3o-para-Aumentar-o-Cunha-Gasparini/343c42a7eb5dd56e7c4f75940e893f3d562aef51. Acesso em: 20 fev. 2019.

DE MASI, Domenico. **O Ócio Criativo**. Rio de Janeiro: Sextante, 2000.

DOMÍNGUEZ, Adrián *et al.* **Gamifying learning experiences**: Practical implications and outcomes. Elsevier Computers & Education, Spain, p. 380-392, 1 abr. 2013. Disponível em: https://www.sciencedirect.com/science/article/pii/S0360131513000031?via%3Dihub. Acesso em: 13 fev. 2019.

FADEL, Luciane Maria *et al.* **Gamificação na educação**. São Paulo: Pimenta Cultural, 2014. Disponível em: http://www.pgcl.uenf.br/arquivos/gamificacao_na_educacao_011120181605.pdf. Acesso em: 1 maio 2019.

FROMSOFTWARE. **Dark Souls 3**. [*S. l.*], 2016. Disponível em: https://www.fromsoftware.jp/ww/detail.html?csm=097. Acesso em: 20 abr. 2019.

GARDNER, Roy; OSTORM, Elinor. **Rules and games**. Kluwer Academic

Publishers, Netherlands, p. 121-149, 1 maio 1991. Disponível em: https://link.springer.com/article/10.1007/BF00124480. Acesso em: 2 jan. 2019.

GOMES, Marcelo dos Santos. **Gamificação e Educação Matemática**: Uma reflexão pela óptica da teoria das situações didáticas. 2017. Dissertação (Mestrado em Educação Matemática) - PUC, São Paulo, 2017. Disponível em: https://tede.pucsp.br/bitstream/handle/20267/2/Marcelo%20dos%20Santos%20Gomes.pdf. Acesso em: 11 out. 2018.

HAMARI, Juho; ERANTI, Veikko. **Framework for Designing and Evaluating Game Achievements**. *In*: DIGRA CONFERENCE: THINK DESIGN PLAY., 2011, Netherlands. Proceedings [...]. Netherlands: ToDigra, 2011. Disponível em: http://citeseerx.ist.psu.edu/viewdoc/download?doi=10.1.1.224.9966&rep=rep1&type=pdf. Acesso em: 8 maio 2019.

HUIZINGA, Johan. **Homo Ludens**: vom Unprung der Kultur im Spiel. Tradução: João Paulo Monteiro. 4. ed. São Paulo: Perspectiva S.A., 2000. 162 p.

HUSSEIN, Hassnaa Kamal. **An analysis of al-khwarizmi`s contribution to mathematical sciences with a specific reference to algebraic science**. Orientador: Abdullah Al Ahsan. 2014. Tese (Mestrado) - International Islamic University Malaysia, Kuala Lumpur, 2014. Disponível em: http://210.48.222.250/handle/123456789/2460. Acesso em: 7 maio 2021.

JUUL, Jesper. **The Game, the Player, the World**: Looking for a Heart of Gameness. *In*: LEVEL UP: DIGITAL GAMES RESEARCH CONFERENCE, 2003, Utrecht. Proceedings [...]. Utrecht: Utrecht University, 2003. p. 30-45. Disponível em: https://www.jesperjuul.net/text/gameplayerworld/. Acesso em: 4 jan. 2019.

JUUL, Jesper. **Half-Real**: Video Games Between Real Rules and Fictional

Worlds. Cambridge: MIT Press, 2005.

NAVARRO, Gabrielle. **Gamificação**: a transformação do conceito do termo jogo no contexto da pós-modernidade. 2013. Trabalho de Conclusão de Curso (Especialização em Mídia, Informação e Cultura) - USP, São Paulo, 2013. Disponível em: https://edisciplinas.usp.br/pluginfile.php/125459/mod_resource/content/1/gamificacao.pdf. Acesso em: 1 maio 2019.

MASSACHUSETTS INSTITUTE OF TECHNOLOGY (Estados Unidos). **MIT APP INVENTOR**. *In*: MIT APP INVENTOR. Estados Unidos: Massachusetts Institute of Technology, 2011. Disponível em: https://appinventor.mit.edu/. Acesso em: 23 maio 2021.

SCHWARTZ, Joseph. **Pokémon GO**: The Data Behind America's Latest Obsession. [*S. l.*], 10 jul. 2016. Disponível em: https://www.similarweb.com/blog/pokemon-go. Acesso em: 15 maio 2019.

TEUSCHER, Christof (ed.). **Alan Turing: Life and Legacy of a Great Thinker**. New York: Springer-Verlag Berlin Heidelberg, 2004. 553 p. ISBN 978-3-662-05642-4. DOI 10.1007/978-3-662-05642-4. Disponível em: https://link.springer.com/book/10.1007/978-3-662-05642-4. Acesso em: 7 maio 2021.

THUNKABLE (Estados Unidos). *In*: **THUNKABLE**. Estados Unidos: Thunkable, 2016. Disponível em: https://thunkable.com/. Acesso em: 23 maio 2021.

URIBE, M. M. V: **Criação de um training game**: Subsídios teóricos e práticos. 2012.

YGGBRASIL(Brasil). **Yggbrasil: Educação do Futuro**. 1. [*S. l.*], 2018. Disponível em: https://bit.ly/yggtube. Acesso em: 13 set. 2021.

Capítulo 8

Metodologia Ativa Utilizando a Plataforma Arduino

Gilmar Ferreira de Aquino Filho

gilmar.aquino@fortec.edu.br[1]

Luiz Henrique Amaral

luiz.amaral@cruzeirodosul.edu.br

Juliano Schimiguel

juliano@cruzeirodosul.edu.br

Universidade Cruzeiro do Sul, São Paulo/SP

Resumo

Este estudo teve por objetivo abordar uma pesquisa institucional no curso técnico em Mecatrônica. O curso refere-se ao terceiro ano do ensino médio integrado ao técnico, a disciplina de projeto final utiliza os princípios da Aprendizagem Baseada em Problemas (ABP) que é uma metodologia a qual apresenta uma situação problema que é utilizada para motivar os alunos, com enfoque no Design Thinking que possibilita agregar valor às propostas a serem implantadas, pois são pensadas e estruturadas de forma participativa e fornece uma ação para provocar as necessidades dos clientes, com o intuito de produzir protótipos rápidos e simples que possivelmente convergem para soluções inovadoras. O artigo apresentará percepções dos alunos em relação às metodologias ativas apresentadas. Apesar de DT encontrar-se consolidado em meios industriais e empresarias é pouco utilizado no

[1] Professor Dr. da Faculdade de Tecnologia de São Vicente - FATEF e-mail: gilmar.aquino@fortec.edu.br

ensino. Como consequência, pode ser observado que a maioria dos alunos vê a abordagem interessante, em especial com relação à contribuição para a formação profissional sendo assim agregando conteúdo e à experiência do trabalho em grupo que por diversas vezes pode ocorrer divergência e atritos. Contudo, os alunos enxergam a possibilidade de levar os resultados obtidos nos projetos práticos de trabalho (protótipos) utilizando a plataforma Arduino para situações práticas do dia a dia, contribuindo com a realidade e atuando em questões próximas à vida da população.

Palavras Chave: Metodologias Ativas, Design Thinking, Aprendizagem Baseada em Problemas, Arduino.

Abstract

This study aimed to approach an institutional research in the technical course in Mechatronics. The course refers to the third year of high school integrated with the technician, the final design discipline uses the principles of Problem Based Learning (PBL) which is a methodology which presents a problem situation that is used to motivate students with focus in the Design Thinking that allows to add value to the proposals to be implanted, since they are thought and structured in a participatory way and provides an action to provoke the needs of the clients, with the intention of producing fast and simple prototypes that possibly converge for innovative solutions. The article will present students' perceptions regarding the active methodologies presented. Although DT is consolidated in industrial and business circles, it is little used in education. As a consequence, it can be observed that the majority of the students see the approach interesting, especially with respect to the contribution to the professional formation being thus aggregating content and the experience of the work in group that at diverse times can occur divergence and friction. However, students see the possibility of taking the results obtained in practical work projects (prototypes) using the Arduino platform for practical situations of daily life, contributing to reality and acting on issues close to the life of the population

Keywords: Active Methodologies, Thinking Design, Problem-Based Learning, Arduino.

Introdução

O desafio das escolas formadoras de profissionais da área técnica é prepará-los com conhecimento, habilidades e atitudes para que atuem de forma qualificada sobre as necessidades da sociedade. O modo de ensinar tem evoluído através dos tempos, e toda transformação passa por inquietações, reflexões e mudanças de concepção. Ao frequentar o curso técnico, o aluno tem na escola o estudo e na atividade prática os trabalhos desenvolvidos em cada disciplina. Para que esse processo ocorra de forma interativa entre a autonomia docente e o potencial dos discentes na construção do seu conhecimento, tem havido mudanças no ensino tradicional.

O Ensino tradicional está centrado no professor, que por meio do conhecimento cria um fluxo de comunicação, comprometendo o pensamento crítico do aluno, que na maioria das vezes apenas reproduz o que foi apresentado em sala, sem questionamento. A globalização e a sociedade do conhecimento exigem novas soluções para o ensino tecnológico, requerem um diálogo entre ensino, empresa, sociedade e pesquisa.

Uma das metodologias utilizadas para modificar os conceitos do ensino tradicional é a Aprendizagem Baseada em Problema (ABP), na qual a aprendizagem parte de um problema real, esse método desperta forte motivação prática e estímulo cognitivo para gerar solução criativa envolvendo a sociedade.

Enemark, Stig (2009, p 18), comenta que:

> ABP oferece a integração entre ensino e pesquisa, fornece a criatividade e a inovação. O trabalho inicia com problemas não solucionados e se desenvolve em pequenos grupos, exige do aluno contrato

com outras ideias e pessoas para encontrar soluções criativas e inovadoras, sem nenhum manual nem tradição que sirva de guia.

O sucesso de um sistema educacional depende de uma forte interação entre ensino, pesquisa e prática. Para progredir, pesquisa e ensino precisam inserir-se no processo de desenvolvimento em uma interação dinâmica.

Calcula-se que os estudantes retêm apenas 10% do que leem e 20% do que ouvem (Coleman,1998). Porém, quando simula um problema, pode-se reter até 90% do que se aprendeu. Essa é uma das principais concepções pedagógicas da aprendizagem, seja por meio de projetos, seja com trabalhos baseados em problemas, uma vez que o foco está no aprendizado, não no ensino. Aprender não é como encher um copo com água, é um processo de pesquisa e criação baseado no interesse, na curiosidade e experiência do aprendiz e deve traduzir-se em ideias, conhecimentos e habilidades mais abrangentes.

Este estudo objetiva abordar uma pesquisa institucional do curso técnico em Mecatrônica da Escola e Faculdade F, o projeto iniciou-se em agosto de 2017 com alunos do Terceiro ano.

O curso de Mecatrônica tem como a principal atividade a manutenção de equipamentos elétricos, automatizados, implementação de novos recursos respeitando o meio ambiente e a segurança do trabalho.

Lógica de programação para automação é uma disciplina que é de extrema importância para o contexto industrial.

A principal dificuldade no aprendizado da programação é o fato de programas de computadores serem objetos virtuais, exigindo que o estudante dessa área detenha uma alta capacidade de abstração para entender o que está sendo proposto. (AQUINO FILHO, G. F.).

Uma nova prática pedagógica vem sendo usada em vários cursos de tecnologia. Trata-se de uma atividade que facilita e motiva a aprendizagem. Plataforma Arduino, ferramenta de apoio didático focada em prototipação. Arduino é uma plataforma de fonte aberta direcionada para a participação de sistemas digitais interativos que pode receber e enviar dados de diversos tipos de sensores, viabilizando a rápida construção de sistemas de controle em vários domínios de aplicação.

Metodologia

O Projeto foi constituído por dois grupos de alunos com seis integrantes cada, do terceiro ano do ensino médio integrado ao técnico do curso de Mecatrônica, tendo como princípios a Aprendizagem baseada em problemas (ABP) e *Design Thinking* (DT).

No primeiro momento é apresentada a ABP, também conhecida pela sigla PBL (Problem-Based Learning), é uma metodologia na qual a apresentação de uma situação-problema é utilizada para motivar a aprendizagem. Os discentes trabalham em grupos e o docente assume o papel de orientador.

Na próxima ocasião é apresentada a metodologia de DT que representa a inovação de produtos e serviços que definimos como objetivo da atividade, considerada um dos métodos mais seguros de lucratividade e crescimento sustentável das empresas, pois possibilita aos empreendedores adaptar-se às crescentes exigências dos clientes, explorando alternativas de negócio para se manter no mercado e buscar novos clientes.

Kneipp et al. (2011) realizaram estudos sobre a evolução da produção científica relacionada à inovação no Brasil. De acordo com os autores, muitas organizações apoiam na inovação para diferenciar-se no mercado, saindo à frente da concorrência, além de estimular a criatividade e novas formas de fazer um produto ou prestar um serviço. No contexto corporativo, inovar significa igualmente reduzir custos, quando se relaciona à inovação de processos na empresa.

Na concepção de Brown (2010), o *design thinking* (DT) é uma abordagem sistemática que permite a inovação e vai além da necessidade de se produzir um produto ou serviço, pois é assertivo a ponto de entrar diretamente na vida do consumidor, podendo até ditar certos comportamentos futuros, adicionando valor ao negócio.

O processo utilizando o Design Thinking se divide em três fases. A primeira fase é a de imersão onde é realizado o levantamento, análise e síntese dos dados. A segunda fase é a de ideação onde o perfil de um público é definido, aqueles que serão servidos pelas soluções criativas, a partir das ideias inovadoras e a terceira fase é a de prototipação onde a realidade capturada é representada propiciando a validação da solução Proposta.

O uso da DT é uma metodologia que provoca as necessidades dos clientes, produz protótipos rápidos e simples que eventualmente convergem para soluções inovadoras.

O Curso de Mecatrônica deve assumir um papel ativo sob a perspectiva crítica e criativa para a identificação e resolução de problemas do mundo real.

Uma metodologia de aprendizagem ativa significa que aprender é um processo ao longo do qual os conhecimentos são construídos pelos estudantes de maneira mais independente, representando o outro extremo de receber os conhecimentos passivamente, mediante instrução. Entende-se a aprendizagem como a construção de novos conhecimentos sobre a base de conhecimentos atuais. Aquele que aprende tem em sua mente conhecimentos prévios que servem de base para assimilar novos (DEELMAN; HOEBERIGS, 2009).

A metodologia concretiza-se a partir do trabalho em grupo (coletivo), uma vez que pondera que a interação em pequenos grupos admite o intercâmbio de informações, as habilidades comunicativas, tanto escrita quanto verbal, a análise crítica do problema, a articulação entre teoria e prática, a avaliação da situação proposta e a conexão de conhecimentos adquiridos entre diferentes disciplinas, terminando, deste modo, com a fragmentação disciplinar.

Observada essa ênfase na colaboração, o Design Thinking é uma abordagem para inovação e criatividade com foco no ser humano, em seus problemas e suas demandas. Além disso, é baseada em um trabalho colaborativo, cuja estrutura se apoia, basicamente, em pilares como: entender, observar, definir, idealizar, prototipar e testar (STAINBECK, 2011).

Por conta dessa peculiaridade, a prototipagem precisa ter duas características capitais. A primeira é que o protótipo deve ser rápido, ou seja, pode ser feito diversas vezes sem muita demora e, mesmo sendo inicial e rústico, tem como objetivo obter uma resposta direta ao produto e também aprender como o projeto pode ser melhorado e refinado.

O Arduino é a principal ferramenta utilizada para execução dos projetos, plataforma de fonte aberta destinada a prototipação de sistemas digitais interativos. Capaz de receber e enviar dados de diversos tipos de sensores e a diversos atuadores, viabilizando a construção rápida de sistemas de controle em diversos domínios de aplicação.

Segundo (AQUINO FILHO, F. G.):

> "Arduino é basicamente uma placa microcontroladora, criado na Itália, possui uma linguagem de programação facilitada, uma linguagem de programação típica com um ambiente de desenvolvimento e suporte à entrada e saída de dados e sinais".

Dentre os vários modelos de Arduino, para a demonstração foi escolhido o modelo UNO (Figura 1), que utiliza o microcontrolador ATmega328. Este modelo possui seis entradas analógicas e catorze entradas/saídas digitais, das quais podem ser utilizadas como saídas PWM. Podem ser alimentadas por fontes, baterias ou até mesmo pela conexão USB via computador.

Figura 1 - Arduino UNO

A linguagem de programação utilizada nas plataformas Arduino é a "C++" com pequenas modificações, utilizando a plataforma *open-source* fornecida pelo site http://arduino.cc, sendo que a plataforma foi desenvolvida em Java, podendo ser simulado na ferramenta TinkerCad que é mantida pela Autodesk para criação de objetos 3D e circuitos eletrônicos, possibilitando ao aluno entrar em contato com fundamentos de linguagens largamente empregadas no mercado de trabalho. Para desenvolver os programas, compilar arquivos e fazer o *upload* para o microcontrolador, utiliza-se a IDE (Integrated Development Environment) Arduino *development environment* (Figura 2), que é multiplataforma funcionando em Windows, MAC OS e Linux.

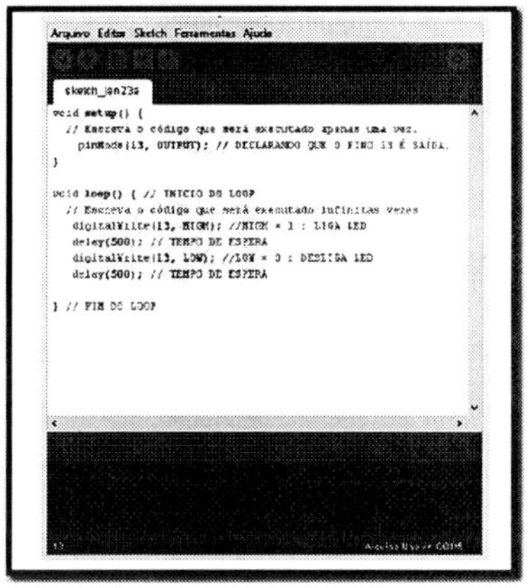

Figura 2 - IDE

Para o auxílio na montagem do circuito, poderá ser utilizado o TinkerCad, que trata-se de um site que facilita o aprendizado e as montagens com Arduino, ele mostra virtualmente como ficaria uma montagem física em protoboard, bem como o circuito elétrico e linguagem de programação.

É fácil o acesso: http://www.tinkercad.com, com interface em português e possui vários exemplos de projetos que podem ser facilmente visualizados, montados ou até mesmo modificados como verificado na figura 3.

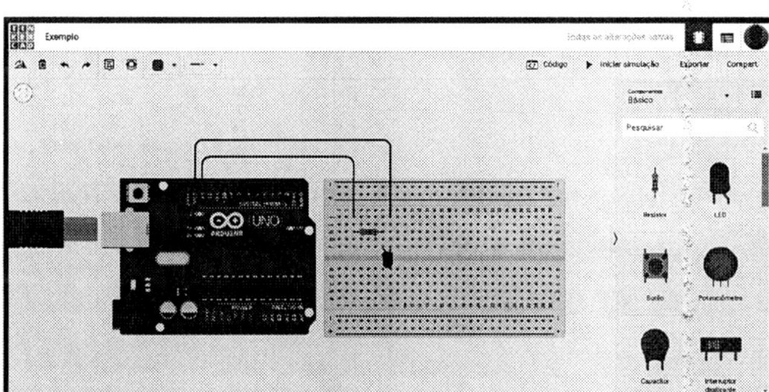

Figura 3 - TinkerCad

Após a apresentação das metodologias ABP, DT e ferramentas para utilização dos projetos, tais como Arduino e TinkerCad os discentes iniciam a execução do mesmo com o acompanhamento do docente que é considerado um sujeito passivo da aprendizagem com a função de estimular os discentes a tomarem suas próprias decisões, contribuindo para a interação, comunicação, seleção e por final articulação dos temas propostos pelos alunos.

Método

A pesquisa mencionada anteriormente consistiu em um questionário presencial respondido de forma virtual, com perguntas do tipo múltipla escolha, disponibilizada para dois grupos do curso de Mecatrônica de forma voluntária sem identificação dos alunos envolvidos. O questionário foi elaborado na plataforma de ferramentas do Google. Google Forms é utilizado para criar testes e pesquisas online, ficou disponibilizado durante uma semana para os alunos logo após a conclusão do trabalho.

As perguntas buscavam verificar o nível de aceitação dos alunos em relação à disciplina de projetos e à metodologia apresentada:

- Experiência de trabalhar em grupo
- Contribuição dos conteúdos trabalhados
- Avaliação do projeto

Para mensurar os itens foi adotada a escala Likert, (VIEIRA; DALMORO, 2008) com cinco níveis de satisfação: Muito ruim; Ruim; Mais ou menos; Bom; Muito bom. Para a análise quantitativa, utilizaram-se os dados brutos e percentuais obtidos em cada um dos níveis.

Resultados

A Tabela 1 refere-se a "Trabalho em grupo" e apresenta as respostas à questão sobre o trabalho colaborativo:

Experiência de trabalhar em grupo

Muito ruim	2	17%
Ruim	1	8%
Mais ou menos	1	8%
Bom	6	50%
Muito bom	2	17%
		100%

Tabela 1 - Experiência de trabalhar em grupo

A tabela 1 indica que 67% dos alunos consideraram a experiência de trabalho em grupo como "Bom / Muito bom", 8% considerou a experiência "Mais ou menos" e 25% relatou "Muito ruim / ruim". Considero uma desvantagem a falta de integração dos envolvidos no projeto ou o não comprometimento de alguns discentes.

Pode ser observado na Tabela 2 os resultados obtidos no questionamento aos alunos sobre a contribuição dos conteúdos trabalhados na disciplina.

Contribuição dos conteúdos trabalhados

Muito ruim	0	0%
Ruim	0	0%
Mais ou menos	1	8%
Bom	9	75%
Muito bom	2	17%
		100%

Tabela 2 - Contribuição dos conteúdos trabalhados

Verifica-se que 92% dos participantes consideram que o conteúdo abordado na disciplina contribui "Muito bom / bom" para sua formação profissional. Para 8 % essa contribuição foi classificada como "Mais ou menos".

O último questionamento foi sobre a avaliação geral do projeto, cujas respostas são apresentadas na tabela 3.

Avaliação projeto

Muito ruim	1	8%
Ruim	0	0%
Mais ou menos	2	17%
Bom	7	58%
Muito bom	2	17%
		100%

Tabela 3 - Avaliação projeto

Observa-se pela tabela 3, que 75% dos alunos avaliaram como "Muito bom / bom" o projeto. Para 17% "Mais ou menos" e 8% "Muito ruim / ruim".

Considerações Finais

No presente artigo foi analisada uma metodologia para o ensino Técnico em Mecatrônica com abordagem de ABP, com vistas ao desenvolvimento do aluno e em grupo. Portanto, o DT enquanto metodologia ativa de aprendizagem oferece uma possibilidade de construção do conhecimento para o aluno técnico com foco em questões humanistas e criação de produtos com o foco na resolução de problemas palpáveis e locais construindo um protótipo de um produto, além de grande destaque para o trabalho coletivo.

Utilizando a plataforma Arduino para situações práticas do dia a dia, contribuindo com a realidade e atuando em questões próximas à vida da população.

Por fim, é importante ressaltar que a ABP é uma abordagem flexível que associada ao DT oferecem elementos capitais para formação de um profissional de qualquer área de ensino. A criação de grupos pequenos de alunos que exploram seus conhecimentos na resolução de problemas reais do cotidiano da sociedade faz com que o mesmo entre em contato com a realidade em seu entorno, oferecendo a possibilidade de alcançar uma área maior para a aprendizagem em sala de aula.

Referências

AQUINO FILHO, G F. Plataforma Arduino para ensino de lógica de programação. Cuadernos de Educación y Desarrollo. 2015. Disponível em:<http://www.eumed.net/rev/atlante/2015/10/arduino.html>. Acesso 17 set. 2018.

Aquino Filho, G F. Robótica e Automação. São Vicente, Fortec, 2015.

Brasil. Estratégia & Negócios, Florianópolis, v. 4, n. 1, p. 133-157, jan./jun. 2011.

BROWN, T. Design thinking: uma metodologia poderosa para decretar o fim das velhas ideias. Rio de Janeiro: Elsevier, 2010.

COLEMAN, J. N. KINNIMENT, D. J. Effectiveness of Computer Aided Learning as a direct replacement for lecturing in degree-level electronics. IEEE Transactions on Education, New York, v.41, n.1, feb. 1998.

ENEMARK, S.; KJAERSDAM, F. A ABP na teoria e na prática: a experiência de Aalborg na inovação do projeto no ensino universitário. In.: ARAÚJO, U. F.; SASTRE, G. (Orgs.). Aprendizagem baseada em problemas no ensino superior. São Paulo: Summus, 2009, p. 17-4

KNEIPP, J. M. et al. Uma análise da evolução da produção científica sobre inovação no Brasil. Estratégia & Negócios, Florianópolis, v. 4, n. 1, p. 133-157, jan./jun. 2011.

STAINBECK, R. Building creative competence in globally distributed courses through Design Thinking. **ScientificJournalof Media Literacy**, Helva, v. 19, n. 37, p. 27-34, 2011. Disponível em: <http://eprints.rclis.org/16746/1/en27-35.pdf>. Acesso em: 18 set. 2018.

VIEIRA, K. M.; DALMORO, M. D. Dilemas na Construção de escalas tipo Likert: o número de itens e a disposição influenciam nos resultados? In: Encontro da ANPAD, 32., 2008, Rio de Janeiro. **Anais**... Rio de Janeiro: ANPAD, 2008. Disponível em: <http://www.anpad.org.br/admin/pdf/EPQ-A1615.pdf>. Acesso em: 17 set. 2018.

Capítulo 9

Atividades para Aplicação do Pensamento Computacional

Júlio Cézar Romero
Mestrado em Ensino de Ciências e Matemática, Universidade Cruzeiro do Sul
Professor no IFSP, Campus Caraguatatuba/SP
juliocezarromero@ifsp.edu.br

Prof. Dr. Juliano Schimiguel
Programa de Doutorado / Mestrado em Ensino de Ciências e Matemática
Universidade Cruzeiro do Sul
juliano@cruzeirodosul.edu.br

Atividade 1 – Contando os pontos

Utilizando a plataforma *Loom* (https://www.loom.com/signup), foi criado um vídeo para os participantes explicando o conteúdo abordado, bem como a atividade proposta. O vídeo foi compartilhado por meio de *link* no grupo, criado no aplicativo *WhatsApp*.

O conteúdo foi iniciado a partir do relato de que os computadores tinham uma relação muito interessante com os números. A partir daí, foi feita a menção à contagem dos números seguindo o sistema decimal, que é o que normalmente se utiliza no cotidiano. Foi então introduzida a ideia do sistema binário, apresentando-o como um sistema de numeração utilizado pelos computadores para codificar tudo o que neles é processado. Foi destacado, ainda, que, diferente do sistema decimal, o sistema binário é composto somente por dois números, quais sejam, o zero (0) e o um (1), apresentando pra eles alguns números no sistema binário.

Em seguida, relatou-se que seria muito fácil compreender os valores dos números do sistema binário uma vez que para compreendê-los seria necessário apenas convertê-los para o sistema decimal. Assim, foi proposta a atividade e a explicação.

Para isso, seria necessário utilizar um conjunto de cartas, como estão descritas abaixo:

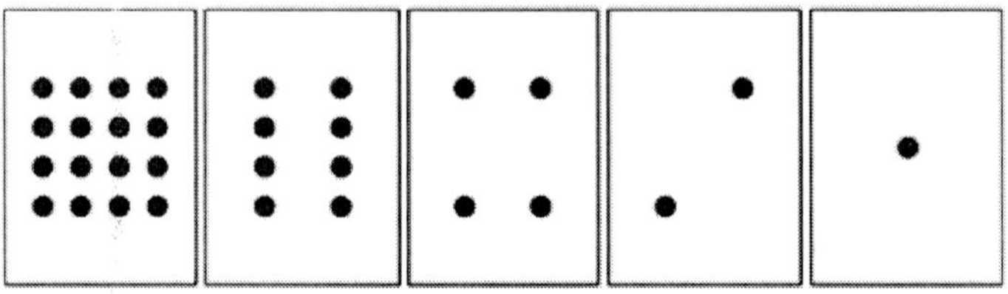

Imagem 1 - Conjunto de cartas utilizadas para a abordagem do sistema decimal. Fonte: Computer Science Unplugged (2011, p. 6)

Em termos de representação associativa, propôs-se aos alunos que relacionassem o zero (0) a algo desligado (*off*), e o um (1) a algo ligado (*on*). Assim, para a atividade de conversão de números binários em racionais, sempre que se estivesse diante do dígito zero (0), a carta correspondente ao dígito deveria ser virada, de modo que ela passasse a representar que estava no modo *off*, o que a excluiria da conversão. Desse modo, as cartas que ficassem viradas para cima, teriam os seus "pontinhos" contados, correspondendo, assim, ao número decimal. O primeiro exemplo prático apresentado foi de converter o número binário 0100 em número decimal. A representação por meio dos cartões seria a disposta na Figura abaixo:

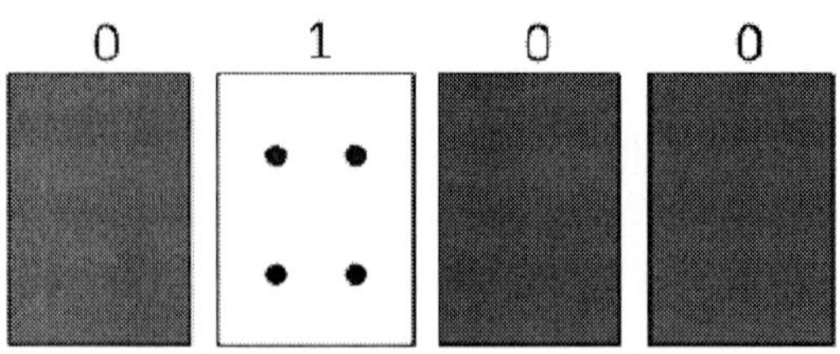

Imagem 2 - Conversão do número 0100 do sistema binário para o sistema decimal. Fonte: *Computer Science Unplugged* (2011, p. 6)

Deste modo, o número binário 0100 convertido em número decimal seria 4.

Em seguida, foi realizado outro exemplo em que foi convertido o número 0011 do sistema binário para o sistema decimal, utilizando novamente as cartas.

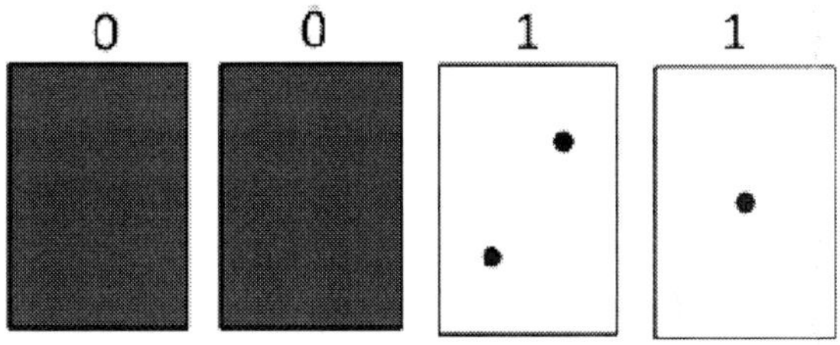

Imagem 3 - Conversão do número 0011 do sistema binário para o sistema decimal. Fonte: *Computer Science Unplugged* (2011, p. 6)

Portanto, o número binário 0011 convertido em número decimal seria 3. Feita a explicação, foi relatado que agora seria o momento deles praticarem. Solicitou--se que pegassem as 2 folhas impressas para esta atividade. Em uma folha estavam dispostas as cartas que deveriam ser recortadas para sua utilização. Na outra folha estavam dispostos 6 números escritos no sistema binário. Estes números deveriam ser convertidos para o sistema decimal utilizando as cartas conforme a explicação dada. Ao final, foi solicitado que caso houvesse dúvida em relação à prática da atividade, que entrassem em contato via aplicativo *WhatsApp*.

Atividade 2 – Enviando mensagens secretas

No momento da explicação da segunda atividade, foi realizada uma breve recapitulação do uso do sistema de numeração binário utilizado pelos computadores para codificar tudo o que neles é processado. Em seguida, o pesquisador relembrou a atividade realizada na semana anterior para que os alunos pudessem iniciar a nova atividade.

Foi abordado que na atividade anterior foi aprendido como os computadores traduziam os números do sistema numérico decimal para o sistema binário e vice-versa. Entretanto, ainda faltava a compreensão de como os computadores utilizariam o sistema numérico binário para conversão de letras, pois havia sido abordado apenas a questão dos números.

A partir daí, foi explanado que os computadores utilizavam uma tabela relacionando cada letra com um número binário. Desta forma, os computadores conseguem traduzir as letras para montagem das palavras e consequentemente os textos.

Foi realizada, então, uma breve demonstração de uma tabela associando um número binário a uma letra do alfabeto para então explicar que os computadores utilizavam um mecanismo similar ao explicado.

Caractere	Binário	Caractere	Binário
A	0100 0001	a	0110 0001
B	0100 0010	b	0110 0010
C	0100 0011	c	0110 0011
D	0100 0100	d	0110 0100
E	0100 0101	e	0110 0101
F	0100 0110	f	0110 0110
G	0100 0111	g	0110 0111
H	0100 1000	h	0110 1000
I	0100 1001	i	0110 1001
J	0100 1010	j	0110 1010
K	0100 1011	k	0110 1011
L	0100 1100	l	0110 1100
M	0100 1101	m	0110 1101
N	0100 1110	n	0110 1110
O	0100 1111	o	0110 1111
P	0101 0000	p	0111 0000
Q	0101 0001	q	0111 0001
R	0101 0010	r	0111 0010

S	0101 0011	s	0111 0011
T	0101 0100	t	0111 0100
U	0101 0101	u	0111 0101
V	0101 0110	v	0111 0110
W	0101 0111	w	0111 0111
X	0101 1000	x	0111 1000
Y	0101 1001	y	0111 1001
Z	0101 1010	z	0111 1010

Quadro 1 - Tabela ASCII. Fonte: https://www.ime.usp.br/~kellyrb/mac2166_2015/tabela_ascii.html

Em seguida, realizou-se a explicação da atividade relatando que seria necessário decifrar um código. Foi requerido que pegassem a folha de atividade para que pudesse fazer a explicação. Após a leitura da atividade, foi solicitado que, caso não houvessem compreendido ou tivessem dificuldade, que entrassem em contato via aplicativo *WhatsApp*.

Atividade 3 – Colorindo com Números

Neste terceiro momento, a atividade relata que após ter sido observado como os computadores traduziam as letras e números, chegou o momento de construir os conceitos e compreensão acerca de como eles faziam para representar na tela os diversos tipos de imagens que costumamos salvar, como por exemplo as paisagens, desenhos e até mesmo as fotos da família e as *selfies* tão comuns de serem retiradas atualmente.

Foi abordado, então, o conceito de *pixels*, o qual poderia ser compreendido como um ponto em uma imagem, e que, um conjunto destes *pixels* ligados uns aos outros formam uma imagem. A partir deste conceito, realizou-se uma demonstração dos *pixels* sendo unidos formando uma imagem, tudo isso por meio de vídeo na plataforma Loom. Finalizamos a explicação relatando que as telas dos computadores, das TVs ou dos celulares são uma imensa quantidade de *pixels* ocupando todo o espaço da tela, e que, por meio deles, as imagens são representadas para que se possa visualizá-las. Foram realizadas algumas demonstrações por meio do uso de *slides* para melhor entendimento.

Encerrando a explicação, foi realizado o comentário acerca da atividade proposta, que objetivava a geração de imagem por meio de um conjunto de instruções que simulam as instruções utilizadas pelos computadores na geração das imagens. Tal conjunto de instruções representam a sequência de *pixels* que os computadores precisam armazenar para entender quais *pixels* serão pintados ou não de forma que a imagem seja gerada em sua totalidade. Assim, para o funcionamento deveria ser obedecida a seguinte regra: o número que inicia a linha da instrução refere-se a quantidade de *pixels* brancos. Caso o primeiro pixel seja preto, a linha terá como início o número zero, como pode-se observar na imagem abaixo:

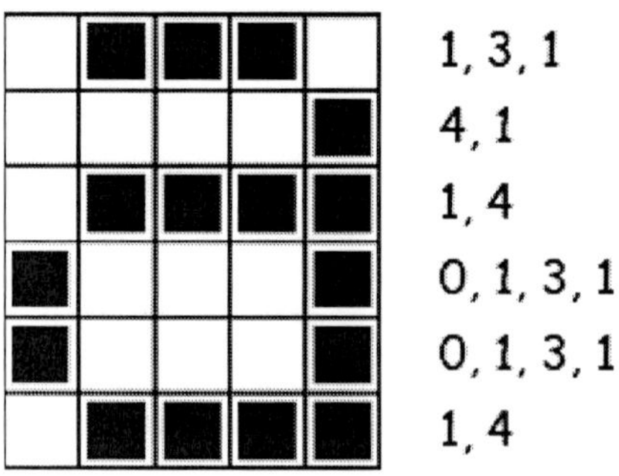

Imagem 4 - Atividade de associação de pixels e sistema binário. Fonte: Computer Science Unplugged (2011, p. 15)

Foi solicitado, então, para que realizassem as atividades propostas gerando as imagens de acordo com as instruções e que, caso algo não fosse compreendido, entrassem em contato via aplicativo *WhatsApp*.

Após a realização das atividades Teste, novamente foram aplicados exercícios com situações-problema, nos mesmos moldes do pré-teste, com o objetivo de verificar se os alunos conseguiriam melhorar o domínio da resolução de problemas no Campo Aditivo.

Referências

BELL, Tim et al. **Ensinando Ciência da Computação sem o uso do computador**. Computer Science Unplugged ORG, 2011.

ANOTAÇÕES

Impressão e acabamento
Gráfica da Editora Ciência Moderna Ltda.
Tel: (21) 2201-6662